Vento forte tra Lacedonia e Candela
Esercizi di paesologia

Editori Laterza

Proprietà letteraria riservata
Gius. Laterza & Figli Spa, Roma-Bari

Finito di stampare nel giugno 2008
SEDIT - Bari (Italy)
per conto della Gius. Laterza & Figli Spa
ISBN 978-88-420-8711-3

Vento forte tra Lacedonia e Candela.
Noi stiamo qui, stiamo in mezzo a questo vento
sempre vivo, in nessun giorno infermo,
un vento che soffia pure se sta fermo.

Indice

I paesi della bandiera bianca

Va di moda assegnare le bandiere ai luoghi. C'è chi assegna la bandiera blu alle migliori località di mare e chi quella arancione ai paesi più belli. La scuola di paesologia potrebbe assegnare la bandiera bianca ai paesi più sperduti e affranti, i paesi della resa, quelli sulla soglia dell'estinzione. Ce ne sono tanti e sono i meno visitati. Non hanno il museo della civiltà contadina, non hanno il negozio che vende i prodotti tipici, non hanno la brochure che illustra le bellezze del posto, non hanno il medico tutti i giorni e la farmacia è aperta solo per qualche ora. Sono i paesi in cui si sente l'assenza di chi se n'è andato e quella di chi non è mai venuto. Non hanno neppure stranezze particolari: gli abitanti non sono tutti parenti tra di loro, non fanno processioni coi serpenti, non fanno la festa degli ammogliati, non hanno dato i natali a una famosa cantante o a un politico o a un calciatore. Non hanno neppure particolari arretratezze, hanno l'acqua calda in tutte le case, hanno le macchine e il televisore, tutti hanno di che mangiare e un tetto dove dormire.

In questi paesi della bandiera bianca ci sono i lampioni, ci sono i marciapiedi, c'è sicuramente almeno un bar e un piccolo negozio di alimentari, c'è un sindaco e una piazza, c'è qualche bambino, ci sono molti anziani, ci sono case nuove e case un po' più vecchie.

I paesi della bandiera bianca sono quelli che vengono visitati solo quando succede qualche disgrazia: il terremoto da questo punto di vista è la disgrazia ideale. Per il resto dell'anno, questi paesi che non hanno il mare e non hanno la montagna, che non hanno le fabbriche e le discoteche, che non hanno santi né delinquenti, stanno al loro posto, concavi o convessi, allungati, acciambellati, frammentati, appesi al paesaggio.

La bandiera bianca sta a significare che sono luoghi arresi, senza additivi, senza mistificazioni, neppure quelle del silenzio e della pace. Nei paesi da bandiera bianca non è che si trova il pane più buono che altrove o l'artigiano che sa fare il cesto come si faceva una volta o il calzolaio che ti fa le scarpe. Si trova il mondo com'è adesso, sfinito e senza senso, con l'unica differenza che questa condizione si mostra senza essere mascherata da altro.

La bandiera bianca non è la bandiera della desolazione contrapposta a quella del divertimento. Non è quella della bruttezza contrapposta a quella della bellezza. Non è quella dell'abbandono contrapposta a quella dell'«indaffaramento». La bandiera bianca ci dice attraverso un luogo qualunque che l'ebbrezza di stare al mondo è svanita e che lavoriamo ogni giorno per portare in noi l'arca di Noè e ci ritroviamo con un pugno di mosche.

Almeno un quarto dei paesi italiani è gravemente malato. Soffre di desolazione.

Non è una malattia antica, è una malattia nuovissima. Per secoli questi paesi sono stati molto poveri. La gente faceva fatiche terribili senza alcuna garanzia. Era una vita disgraziata, ma si svolgeva in un luogo che aveva una sua vita. Insomma, ogni persona stava nel suo paese come un pesce dentro al lago. Adesso le persone pare che stiano in un secchio rotto. Si vive con poca acqua e con la sensazione che nessuno sa come mantenere la poca acqua che resta.

Il problema riguarda tutta la penisola. Può essere l'Irpinia, la Calabria, l'interno del Salento, il Molise, la Sardegna, il Friuli o il Piemonte alpino, la sensazione non cambia di molto: si va dal padiglione di geriatria al manicomio all'aria aperta. Chi ci passa d'estate o la domenica per qualche ora è chiaro che ha un'altra idea, ha l'idea del paese come villaggio turistico. Il fregio del silenzio, del buon cibo e dell'aria buona, nasconde lo sfregio di un'inerzia acida, di un tempo vissuto senza letizia.

Uno arriva e ferma la macchina in piazza. Guarda qualcuno vicino al bar o sulle panchine. Guarda una vecchia che va a fare la spesa, un cane disteso al sole, guarda le porte chiuse, guarda la propria macchina e capisce che lo strumento per la fuga è a portata di mano, che non è proprio il caso di fermarsi a passare la notte in un posto del genere. Ci si rimette in moto e per quanto ci si possa essere allontanati dalle vie comode, dagli ipermercati e dai capannoni, basta digerire una mezz'oretta di curve e si torna nel mondo gremito, nel mondo che si muove.

Nel paese restano i malati. Ma non pensate solo al pensionato ottantenne, alla vedova, al giovane disoccupato, pensate anche al geometra comunale, al prete, al farmacista, al sindaco. Non si salva nessuno, tutti malati. Può essere depressione, può essere inquietudine, può essere la smania velleitaria di chi sente di partire dal nulla e di non poter arrivare da nessuna parte, può essere chissà cosa, il risultato è sempre un individuo prostrato dalla desolazione del luogo in cui abita. È una malattia che si trasmette per contatto con l'aria, e l'aria che c'è in un paese non è solo la cosa che si respira, è la faccia delle persone, sono i manifesti a lutto, sono le case, le macchine parcheggiate. Il problema è che non c'è un nome per questa malattia e le cose fino a quando non hanno un nome è come se non esistessero.

La paesologia è proprio la disciplina che cerca di dare un nome a questa malattia. Ogni volta che vado in un paese mi accorgo che la paesologia è una disciplina con molto avvenire, proprio perché i paesi di avvenire ne hanno poco. Col progredire della malattia sarà sempre più chiaro quanto sia doloroso vivere in un paese di cinquecento abitanti. Doloroso intendo per le persone come sono adesso. Simone (il protagonista del film di Buñuel) che predicava nel deserto o san Francesco magari starebbero benissimo. Perché cinquecento umani che vivono in uno stesso spazio se la passano così male? Azzardo una risposta semplice: perché non riescono a inventarsi niente. Si salutano, fanno la spesa, fanno la partita a carte, guardano la televisione, vanno a votare, si ammalano, muoiono. Ecco, nessuna di queste attività sembra capace di cambiare il passo del luogo.

In città la faccenda è diversa perché c'è la giostra del consumare e produrre. Il problema nelle città si pone quando i negozi sono chiusi e non è un caso che in quel tempo molti preferiscono andare fuori. Voglio dire che è malata anche l'umanità che risiede nella città, ma curiosamente lì il numero invece di accentuare la malattia la attenua. Un milione di persone possono darci un'idea falsa della loro vita. Per cinquecento persone l'impresa è più difficile. Un paese è un luogo in cui non si può barare. La vita è scaduta ovunque, ma paese la data di scadenza è ben visibile, come se per compor bastasse mettere in fila dieci facce. Nella città c'è un brodo di segnali, c'è un caos che mantiene in vita anche ciò che è scaduto. Insomma, il tempo dei paesi è un tempo ultimo, quello delle città è un tempo penultimo. Forse per questo chi ha qualche venatura necrofila trova una certa soddisfazione nella vita paesana. E i primi a trovarla sono proprio i paesani. Il paese è supportato meglio da chi ha cura di non lasciarlo mai. Un veleno respirato con costanza, il veleno della desolazione, alla fine è meno pericoloso di un veleno respirato a fasi alterne. Per questo i paesani che pensano di cavarsela introducendo nella loro vita le uscite tipiche dei metropolitani fanno un errore piuttosto grave: basta tornare dopo due giorni di assenza, basta dormire una notte fuori ed ecco che il luogo natio ti appare assai più mesto di come lo percepisci normalmente. La prigione che è il paese fa sentire il suo peso proprio nel momento in cui si torna dall'evasione.

In realtà il mondo in cui viviamo è perfettamente simile a quella cosa un po' opprimente che è un posto di cinquecento abitanti. La società globale è la società della ruralità di massa. Niente piazza, niente vita comunitaria, ognuno è un pastore che pascola le sue pecore morte. Veramente non c'è scampo. Poi uno può decidere di non pensarci, può capitare che ci si diverta passeggiando in riva al mare o facendo l'amore in una stanza d'albergo, può essere che si stia bene su una panchina del proprio paese, tutto può essere, ma siamo nel campo delle deroghe, delle eccezioni. La regola, la legge che si profila sembra seguire la curva delirante della mia disciplina: paesologia, tanatologia, teratologia. Detto altrimenti: il mondo è un paese, il paese è morto, dunque il mondo è un inferno abitato da mostri.

Vento forte tra Lacedonia e Candela

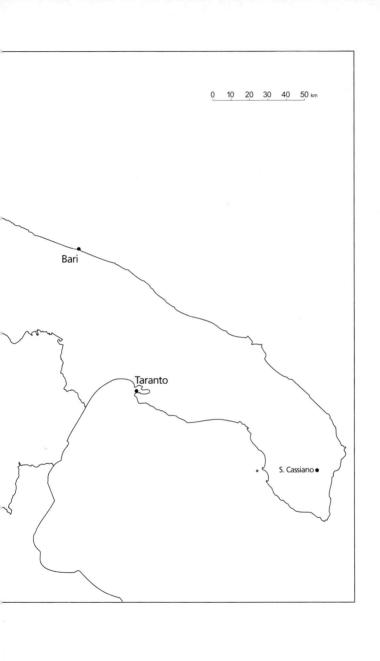

Anatomia dei dintorni

Guardala, la terra è più tenera
del cielo.
Non restare tutta la vita
con le unghie conficcate
nella tua anima o in quella degli altri.
Porta il tuo paese in testa come si porta
l'immagine dell'amata.
Esci, vai nella piazza tua o di un paese vicino,
vai nella piazza degli altri,
mai ti mancherà una bella vista.

GIOBBE A TEORA

Oggi è uno di quei tipici giorni irpini con le nuvole per terra. Esco per muovere le gambe, riattivare lo sguardo.

La meta è Teora, ma il passaggio per Conza è d'obbligo. Mi fermo a fotografare un monumento da poco inaugurato. Piove sulla neve. Sono le tre del pomeriggio e la luce cala a precipizio. Mi sposto verso Sant'Andrea. Altro paese, altro silenzio. Nessuno in giro. Prima si vedeva gente in giro anche quando il tempo era brutto. Adesso le case sono calde e comode. E dentro c'è il televisore per i vecchi e per i bambini. C'è il computer per i giovani. Dentro il bar c'è sempre qualcuno che non sta bene. Non ho voglia di ascoltare nessuno per il momento. Accendo la videocamera che porto sempre appresso. Filmo la facciata del seminario e un campanile perfettamente fallico. Il vento mi butta la pioggia in faccia, mi avvio verso Teora passando per la Sella di Conza. Qui siamo sul confine tra la provincia di Avellino e quella di Salerno. E anche la Lucania è assai vicina.

Arrivo a Teora ed è subito notte. Sono nella parte alta del paese. Sotto di me, sotto la pioggia nera, ci sono palazzine che dall'alto sembrano dei tir senza la motrice. Potrebbe essere qualunque luogo del mondo. Ma io sento che qui c'è ancora un odore: è l'odore pungente dell'Irpinia d'Oriente. La silenziosa combustione dello sconforto che s'insinua nel fondo delle ossa.

Cammino in quello che una volta era il centro storico. C'è una casa che ha un'ampia vetrata. Sembra un circolo. Mi affaccio. Dentro ci sono due anziani. Mi fanno cenno di entrare. Il padrone di casa comincia a parlare con una bella lingua spigliata. Mi parla dei sindaci del paese. La sua cadenza mi piace. Sono lo spettatore di una recita a cui ho assistito tante volte. Il signore si vanta che è democristiano. Elogia De Mita. Parla male dei tecnici, dice che si sono presi un sacco di soldi per fare le case. In questa zona ci sono un centinaio di appartamenti e vi abitano solo una decina di famiglie. Uscendo fuori il mio interlocutore mi dice che la notte del terremoto ha perso la madre, la moglie e la figlia. Qui la mia attenzione si ravviva. Mi faccio raccontare com'è successo.

Stavano sul divano. La casa è crollata. Lui si è trovato davanti al figlio maschio. Lo ha riparato. Durante tutta la notte sono rimasti sotto. La bambina non la sentivano. Lui e il figlio li hanno tirati fuori al mattino. Poi è uscita anche la moglie. È uscita viva. Mentre la portavano al campo sportivo il vento le ha sollevato la gonna e lei se l'è sistemata con le sua mani. L'hanno portata a Napoli. Sembrava che non stesse tanto male. Il giorno dopo è morta. Intanto avevano tirato fuori dalle macerie anche la figlia di dieci anni. Ascolto questa storia mentre siamo fermi nella mia macchina davanti al cinema. Il padre dice che guardava la figlia e sperava che non fosse morta. Aveva rovesciato il coperchio della bara e ci aveva messo la figlia sopra. Io ascolto, sento che non riuscirò a dimenticare questa storia, ma il peggio deve ancora venire. Il signor Francesco alcuni anni dopo il terremoto si risposa e dal nuovo matrimonio nascono due figli. La notte di Natale del 2001 la sua bambina di dieci anni sale di corsa le scale per andare a posare una statuina sul presepe. Non arriva al presepe. Muore sulle scale. A suo tempo avevo letto questa storia sui giornali locali. Mi aveva emozionato e poi era andata via dalla mia mente. Adesso ha un leggero tremore. Faccio qualche domanda al mio interlocutore e il filo delle disgrazie si allunga. Torniamo indietro. Il signor Francesco aveva un padre di quarantotto anni che aveva preso un grande spavento in Albania durante la guerra. Una sera del 1953 uscì di casa e morì per un infarto. Qualche anno dopo al signor Francesco muore per malattia anche il fratello che studiava all'università.

Guardo l'orologio, usciamo dalla macchina. Mi pare di aver parlato con la reincarnazione di Giobbe.

IL LETARGO DI ANDRETTA

Appena sveglio mio figlio mi dice che c'è il sole come se fosse un miraggio. Ho la faccia gonfia per un dente infiammato, la testa piena di cattivi pensieri. Dopo molti giorni davanti al computer ho voglia di andare all'aperto a prendere aria. Vado ad Andretta, il paese più vicino, l'unico che d'estate riesco a raggiungere in bicicletta.

Quindici chilometri senza incontrare una macchina. Arrivo e parcheggio davanti a un camion di un venditore di frutta. Una voce registrata annuncia la merce in vendita, ma per il momento non accorre nessuno. Passa una macchina con un'altra voce registrata: l'arrotino che fa pure l'ombrellaio. In piedi, nella cornice di una porta, un uomo anziano si sistema l'aggeggio acustico intorno all'orecchio. L'operazione pare più laboriosa del previsto. Mi fermo a osservare. Dall'altra parte della strada c'è una Punto grigia col motore acceso da molti minuti. Un uomo anziano prende il sole in una Volvo. Mi accorgo che il bar in cui sono stato varie volte è privo di nome. Come si chiama?, dico alla signora che sta lavando a terra. Solo bar, mi risponde. Prima di allontanarmi noto l'insegna dei gelati Algida sbiaditissima, si legge solo la parola cornetto. Davanti al bar c'è un uomo col naso mangiato da una malattia e un altro che mi guarda con aria dimessa, sfinita. In mezzo alla strada due donne di mezza età parlano di ospedali e malattie. Per quanto posso capire una delle due ha avuto di recente un lutto.

Noto davanti al bar e poi davanti a un minimarket adiacente dei tavolini rotondi di cemento con intarsi di marmo. Non ci avevo mai fatto caso. Ecco, ce ne sono ancora altri due più avanti. Il proprietario del minimarket mi risponde svogliatamente che li fanno qui.

Incontro uno dei tanti che conobbi ai tempi della battaglia vittoriosa contro la discarica alla fine degli anni Novanta. Mi chiede se è mia la telecamera sul cavalletto. Sì, è mia, l'ho lasciata sul marciapiedi, cento metri più su. Vado a riprendermela senza timore che qualcuno me l'abbia rubata.

Poco lontano dal bar senza nome ce n'è un altro che si chiama *l'Australiano*.

Davanti a una porta una bottiglia di plastica piena d'acqua. Se ne trovano tante nei paesi. Non si sa come si sia sparsa la voce che tengono lontani cani e gatti: la bottiglia li distoglierebbe dal fare i loro bisogni. Penso che anche il cosiddetto pensiero magico abbia subìto un evidente impoverimento se questa adesso è la sua più diffusa manifestazione.

Ancora un bar, questa volta è un bar elegante. Dentro ci sono solo due anziani che stanno con le carte in mano, ma senza giocare.

Esco fuori a guardare un po' d'insegne, è quello che preferisco quando non ho voglia di parlare. *Abbigliamento 0-12, Intimo per tutti, l'Oasi piante fiori, Bottega della carne, Digital Miele*: niente di particolare.

È il momento dei manifesti funebri.

A Pozzuoli (Na) è venuto a mancare all'età di 69 anni Angelo Acocella.

In America è venuta a mancare all'affetto dei suoi cari Michelina D'Ascoli (vedova Antolino).

A 83 anni in Arisson (Usa) è venuta a mancare all'affetto dei suoi cari Francesca Acocella (vedova Di Guglielmo).

La lista è lunga. Leggo ancora di una donna morta a You Kers (New York) il 23-02-06 e di un'altra morta il 3 marzo 2006 a Toronto all'età di 83 anni.

Incontro Ciccillo, il tenore dilettante celebrato dall'andrettese Vinicio Capossela in uno dei suoi brani. Mi dice che ogni mercoledì va ad Avellino a cantare nella filarmonica, il resto della settimana va sempre in campagna. Per non finire in anticipo nella fossa, mi dice.

Dopo il maestoso campanile c'è un altro pezzo di paese in cui non sono mai stato. Cammino in via Pasquale Stiso, ex sindaco e poeta. Adesso il sindaco è un commercialista. Non ho voglia di vedere e sentire nessun amministratore. Guardo una donna che sbatte un tappeto, un'altra che sbuccia le patate, gesti quotidiani, svolti in un silenzio pulito. Guardo certe case e le vorrei accarezzare; accarezzo le porte di legno, quelle con le vernici di una volta, bisogna conservarle queste porte, sarebbe bello se qualcuno da qualche parte volesse salvarle, raccoglierle, fare un museo delle porte; quelle col buco per far entrare la gatta ormai sono rarissime.

Torno nel corso, c'è una merceria senza insegna che vende anche i giornali; un negozio di elettrodomestici che vende anche le scarpe e un negozio di alimentari che vende anche elettrodomestici.

Mi fermo in piazza. Non c'è una panchina, la piazza la usano per invertire il senso di marcia e tornare indietro. Qui c'è la farmacia della famiglia Papa. La farmacista è una donna vivace e subito si mette a parlare di politica. Il vecchio farmacista in pensione mi dice che lui non vota per nessuno, lui era

12

socialista. Un altro figlio, che non ha fatto grandi studi, dà una mano alla sorella. Sta un po' dentro, un po' fuori, si fuma una sigaretta, saluta chi passa. Nella farmacia entrano in continuazione persone anziane. Antipertensivi e antireumatici i farmaci più venduti.

Torno verso la macchina. Mi siedo un po' con Carmine, muratore scapolo, che mi dice di avere trentanove anni, ma ne dimostra almeno venti di più. Adesso si sente un ambulante che vende materassi. In un vicolo incontro una persona dall'aria spaurita. È contento che gli chiedo qualcosa. Mi risponde che sta aspettando il bel tempo. È stato una quindicina d'anni in Svizzera, pure lui pare più anziano.

La gente che c'è in giro fa gesti lenti, non c'è nessuna ebbrezza, sembrano davvero i primi passi fuori dal letargo. Si cammina lentamente, si va alla macelleria, si va a comprare la frutta, il pane, la carta igienica. Si esce per sbrinare il cuore nella luce e quello che accade in fondo è ineccepibile.

La terra ruota ad Andretta come a Londra, alla stessa velocità, incurante del movimento che c'è in superficie. Oggi è il ventiquattro marzo, per il momento non è una data memorabile, ma non è detto, fino alla fine del giorno può sempre capitare qualcosa. Il ventitré novembre fino alle sette e mezzo era una domenica qualunque, poi venne il terremoto.

Davanti alla porta del Comune un manifesto che saluta il papa morto e uno che saluta l'arrivo del nuovo vescovo.

Per terra manifestini con fotografia a colori di un candidato. Mi sembra la foto di un poveraccio, siamo tutti dei gran poveracci. Giovani e anziani, anonimi e illustri. E questa competizione elettorale sembra non riguardare nessuno. La sera anche qui guarderanno i politici alla televisione. Avranno deciso di votare per questo o per quello, ma si ha la sensazione che il paese nel suo complesso non abbia la forza di immaginarsi un futuro. Più che da un popolo adesso un paese è abitato da un campionario di solitudini, una sommatoria di esistenze scoraggiate. Eppure oggi qui sto meglio di come potrei stare altrove. Questa faccia gonfia non è un problema, non devo dimostrare nulla a nessuno, non devo esibire alcun entusiasmo, non devo mostrare efficienza e convinzione.

Mi siedo in piazza a prendere appunti, ma il foglio resta vuoto. Qualche sociologo illustre parla di scomparsa della realtà, parla di dominio della simulazione. Qui mi pare che siamo in una terra di nessuno. La realtà ormai è una cartilagine delicatissima e la simulazione non sa dove appigliarsi. Alle dodici e venticinque si abbassa la serranda della farmacia, è segno che la mattinata è finita.

CAIRANO DEGLI ASSENTI

Salendo verso la fine del paese
il silenzio è così forte
che si sente assai vicina
la calma della nuvola
che ha partorito la neve
e la nasconde dentro le cantine.
Paese chiuso, seduto sull'osso
dove non cresce neppure la rovina.
Sono venuto qui a pregare
su questo altare
oggi che il vento è così forte
e sparpaglia pure le ossa dei morti
nelle bare.

Alla fine dell'Ottocento erano poco meno di duemila abitanti. Ai tempi del terremoto dell'Ottanta erano quasi mille persone. Adesso ne sono rimasti trecentonovantuno. In queste cifre sta tutta la storia di un paese antico che fu abitato fin dall'Età del Ferro. Una storia di un lento e forse inesorabile processo di estinzione.

Cairano è una palestra ideale per le mie esercitazioni paesologiche. Per me venire qui è come visitare un vecchio zio. Ci vengo almeno un paio di volte l'anno. Andare in un paese è come andare a teatro, un teatro a cielo aperto, con la recita muta dei muri, dei lampioni, delle porte chiuse, con gli sguardi dei vecchi, con le loro parole che nessuno più ascolta, e poi un gatto che attraversa la strada, una macchina parcheggiata: tutte cose singole e spaiate che s'impongono all'attenzione perché non sai che fare, perché non puoi stordirti con la patina dell'eccezionale. Vado veloce verso la mia meta in un pomeriggio dal polso leggero. La luce si sparge senza peso. È il nitore di settembre che dà a questi luoghi una malinconia ad acquerello, lontana dai cupi castighi dell'inverno.

All'improvviso mi viene in mente che mio nonno veniva da queste parti a raccogliere le more. Rallento. Eccole. Il ciglio della strada è pieno di rovi. C'è un'intensa serenità dentro queste piante disordinate e questi frutti che non vengono dai rami, ma da una furia di spine. Il mio respiro quasi si fa lieto, ma è un po' turbato dalla visione di una lapide di una persona morta sul lavoro, anno 1961. Potrei indugiare ancora, cucire la mia carne all'aria di questa bella campagna. C'è sempre qualcosa che mi sbilancia in avanti, è l'impazienza di arrivare a destinazione pur sapendo che non mi aspetta nessuno.

Incontro due ragazze. Una mi dice che lavora alla fabbrica di pantaloni a Conza: otto ore al giorno, seicento euro al mese. Non vuole dirmi il nome, forse ha paura di perderlo il suo lavoro e non sono tempi in cui gli sfruttati hanno qualcosa da opporre agli sfruttatori.

Mi fermo a parlare con Tonino, impiegato comunale e animatore della Pro loco che mi racconta delle difficoltà a organizzare la Festa dell'Aria che utilizza la cima aguzza del paese per i lanci acrobatici. Mi fa vedere il DVD dove hanno riprodotto una commedia teatrale dei ragazzi del posto. Gli pare un segno di speranza. Intanto gli chiedo di dirmi chi è rimasto, cosa è rimasto. Qui è tutta una faccenda di piccoli numeri: due bar, un alimentari, una merceria, un negozietto di articoli da regalo, un tabaccaio, un forno, cinque impiegati comunali, due ingegneri, un architetto, un geometra, un insegnante, quattro impiegati Asl, un falegname, una decina di contadini, una ventina di studenti, centosessanta pensionati. Visto che ci siamo posso aggiungere altre curiosità e notizie. Bevanda più venduta: birra Peroni. Cognome più diffuso: Bilotta. Altitudine: 770 metri. Distanza da Avellino: 68 chilometri. Cairano ha dato i natali al musicista Carlo Di Marzio, all'educatore Eugenio Molossi, ideatore del «Regolo Molossi», sistema educativo per non udenti e non vedenti, al giurista Michele De Stefano e al sacerdote esorcista don Leone. Nativo del luogo è Franco Dragone, emigrante di successo. Questo è il regno degli assenti: stanno altrove anche il sindaco, Salvatore Mazzeo, che fa il medico a Napoli, e il vicesindaco che vive in un paese vicino e ha moglie e figli in Francia. Sempre presente, invece, il barista Angiolino Arace con le sue solite battute: da una parte gli assenti, dall'altra i ripetenti.

Anche Pietro Schettino è uguale a come l'avevo lasciato. Si accudisce da solo nonostante abbia quasi novantacinque anni. Non è l'unico. Prima di arrivare a casa sua, accolto dal televisore ad altissimo volume, avevo provato un po' di pena vedendo una vecchina che ascoltava Radio Maria. Zio Pietro mi racconta la stessa storia che mi ha raccontato l'anno scorso. La moglie fu colpita da un ictus che lui chiama semplicemente ics. Sostiene che il medico del paese non abbia fatto molto per aiutarla.

Zio Pietro è sempre stato qui, i suoi quattro figli sono emigrati e due di loro nonostante che stiano a Roma non si fanno vedere da anni. Avrebbe voluto sistemarli meglio mettendo a frutto le sue conoscenze. Lui era l'unico comunista del posto, punto d'appoggio per tutti i comizianti che predicavano la riscossa degli umili e degli oppressi. Ogni volta si candidava, ma nonostante l'assidua militanza non è stato mai eletto. Cairano era la prova lampante che più un posto era misero e più la Democrazia cristiana faceva il pieno dei voti.

Torno al bar di Arace. Cerco di animare la conversazione tra i presenti. Il più tonico è uno che fa il vigile urbano. Ci tiene a dirmi che il paese è bene amministrato, poi mi fa sapere che la scuola elementare da poco ultimata è stata dichiarata inagibile e i pochi allievi sono ospitati nel Comune. Chiedo al vigile notizie del progetto di Borgo biologico di cui il sindaco mi aveva parlato una decina d'anni fa. Ancora non è successo niente, mi dice.

IL PAESE DI DE SANCTIS

Lontano dal paese c'è un trattore
che sale come per arare il cielo.
Il vento corre per la piazza
come una pallina dentro un flipper.
Il resto è fermo. Dietro il vetro del bar
c'è uno che fa un respiro ogni tre giorni.
Cercatelo qui il cuore della desolazione,
non fermatevi ai contorni.

Sono di fronte al bel palazzo del Comune. Il silenzio è tale da farmi udire il rumore dei passi di un uomo che sta camminando in pantofole a una trentina di metri da me. Si chiama Eduardo e mi chiede un euro.

Arriva un altro che si chiama Salvatore. Pure lui sta nella casa di cura. Quelli più tranquilli li fanno uscire un po' la mattina e un po' il pomeriggio. Il terzo che incontro si chiama Vincenzo. Tutti e tre vengono da paesi vicini. Se sono matti non sono certamente matti particolarmente estrosi o inquietanti. Camminano per prendere aria e per passare il tempo. Da questo punto di vista fanno una cosa normalissima. Entro in un bar che si chiama *King Arthur Cafè*. In una stanzetta con i giochi c'è un signore che fa una specie di poker con la macchinetta. Mi dice che ha settantacinque anni e da stamattina ha perso già un centinaio di euro. Parla e continua a infilare monete nella fessura. È stato in America. Prima mi racconta che sta qui con la moglie, poi confessa mestamente che è separato e vive con la figlia. Non so che altro chiedergli. Sostiene che questa macchinetta è peggio della droga. Mi fa un effetto strano, anziani così non se ne incontrano molti. Esco davanti alla porta del bar. Parlo con un giovane che subito esibisce l'anno di fabbricazione: 4-10-59. Si chiama Gerardo. Vive con il padre pensionato. Incontro di nuovo Eduardo che continua a chiedere un euro e nessuno glielo dà. Dentro il bar c'è una donna davanti al bancone. Quando mi dice il nome mi ricordo di averla fotografata qualche anno fa davanti al cancello della casa di cura. Si chiama Duska ed è slovena. Cerco di capire come sia potuta finire a Morra. Lei racconta che suonava il pianoforte e che è venuta a suonare nel paese e non se n'è più andata. Adesso so anche la sua età: quarantadue anni. Parla bene italiano e si lamenta che dentro la casa gli altri parlano una lingua che lei non capisce.

Resto davanti al bancone. Arriva un sessantenne che si è appena tagliato i capelli. Sembra che abbia fatto una cosa importante e conveniente, visto che ha speso solo cinque euro. A Morra c'era un barbiere ma è morto. Adesso ci sono due parrucchiere. Chi si vergogna di andare da una donna è costretto a recarsi dai barbieri dei paesi vicini.

Parlo con un ragazzo che ha trovato lavoro da due giorni. Ancora non sa quanto gli daranno. Il contratto scade fra pochi giorni, poi forse glielo rinnoveranno. Arriva un altro giovane. Si chiama Antonio ed è già sposato nonostante abbia solo ventitré anni. Attualmente è disoccupato. Mi pare incredibile, ma l'ultimo lavoro era in una fabbrica dove gli hanno fatto un contratto per quattro giorni. Arriva Gerardo, detto Lulù. Ha trentacinque anni, non ha mai lavorato. Vive coi genitori a cui fa qualche servizietto. Adesso porta sotto il braccio una panella di pane e con questo ha esaurito i compiti della mattinata. Il discorso cade sulle donne. A parte la ragazza che lavora nel bar, pare che a Morra sia rimasta solo Iolanda. Ritorno a parlare con Antonio, quello col contratto da quattro giorni e gli chiedo come mai abbia una possente BMW. Lui mi dice che in effetti in passato ha lavorato con una ditta e ha pensato che se la poteva permettere la macchina grossa. Anche se l'ha presa di seconda mano, solo l'assicurazione gli costa milletrecento euro l'anno. Se ne vedono molte di queste macchine grandi guidate da persone con redditi piccoli.

Basta col bar. Vado a vedere la casa natale di Francesco De Sanctis. La trovo chiusa come tutte le case vicine. La scritta sul plexiglas, le insegne che indicano un ufficio informazioni e un laboratorio di cucina tradizionale appartengono al periodo in cui nacque il parco letterario intitolato al grande critico. Adesso quel periodo è passato. Qui si vive in una stagione politicamente postuma. Come se quello che doveva essere fatto, nel bene e nel male, sia già stato fatto.

Ritorno in piazza. Davanti al Comune è quasi ultimata la costruzione della casa canonica con aule catechistiche e sala parrocchiale. Costo: quasi un miliardo delle vecchie lire, fondi presi dall'otto per mille. Inutile indugiare a raccontare ancora dei tanti soldi spesi per la ricostruzione e degli effetti nefasti di tanto spreco: qui ci sono meno di seicento famiglie e quasi mille case. E poi tanti marciapiedi e muretti in pietra, come se il cosiddetto arredo urbano potesse servire a nascondere l'imbroglio di un paese fatto per far girare le betoniere più che le persone. Vado davanti a un altro bar. Non è pretenzioso come il primo. Questo ha un arredo e un proprietario assai dimessi. Parlo con un idraulico a cui chiedo notizie del parroco. Ed ecco che il prete arriva al bar proprio perché sta cercando l'idraulico. Si chiama don Antonio e viene da Giugliano. Quando gli chiedo l'età mi guarda un po' sospettoso. Ha scarpe da ginnastica e jeans e la faccia di chi non ha molti rovelli teologici. A un certo punto caccia fuori un foglietto dove si è scritto i valori della pressione che si è già misurato due volte stamattina. Sembra preoccupato per il valore della minima che è un po' alto. Scendo verso la parte bassa del paese dove c'è un'altra piazza e dove incontro spesso un macellaio che pare una delle persone più toniche del luogo. Lui come sempre ha voglia di parlare e di lamentarsi. Io mi sento male, oltre al mal di testa mi è venuto dentro un senso di sfinimento, ho la sensazione che sto per morire, ma non mi viene il panico perché è una sensazione stanca, sfinita anche lei dai quarantasei anni d'ansia che mi porto dietro. Vado a leggere l'insegna della casa famiglia e c'è scritto anche *struttura intermedia residenziale* e poi *centro diurno* e poi *servizi infermieristici domiciliari,* insomma tutte parole per non dire che si tratta di un manicomio. Penso che non sarà feroce come quelli di un tempo, penso che un luogo in cui stanno dei poveracci con la mente in disordine adesso non si sa bene come chiamarlo.

Torno al primo bar. Un ragazzo è chino su alcuni fogli di carta. Sta studiando le partite di calcio per fare le scommesse. Fa il poliziotto a Firenze e adesso è in licenza. Davanti al bancone c'è un altro ragazzo che fa il carabiniere a Roma e pure lui è in licenza. Incontro un altro di quelli della casa di cura. Gli chiedo l'età e mi risponde con aria cupa: ma è necessario? Davanti a lui c'è uno che pure mi sembra provenire dalla casa e invece è solo uno scapolo disoccupato che vive con i genitori. Non ce la faccio più. Non riesco ad ascoltare più niente. Questi paesi sono assai più belli delle parole che ogni giorno ci mettiamo dentro.

AQUILONIA NEGLI ANNI DI PAGLIA

Vado ad Aquilonia. Voglio vedere la processione di san Vito, il patrono del paese. Parcheggio e mi metto in strada armato di videocamera e macchina fotografica. L'aria non mi sembra particolarmente festosa. Poche bancarelle. Anziani in fila sotto l'unico albero che assicura un poco d'ombra. Ce n'erano tanti, ma li hanno tagliati per fare la piazza nuova. Dal centro della piazza zampilla l'acqua di una fontana che somiglia assai poco alle fonti in cui ci si andava ad abbeverare. Adesso è un puro gioco estetico. Direi che è un bel lavoro, ma ai miei occhi sembra che tolga suggestione al paese più che aggiungerla. Lo stesso si può dire della fila di case che sostituisce le vecchie casette messe su dopo il terremoto del 1930. Porticato di legno, forme ondulate, decisamente un lavoro ben fatto, ma è come se questa bellezza non c'entrasse molto con lo spirito del luogo, come se Aquilonia avesse la sua bellezza proprio nel suo essere priva di particolari ornamenti. Sono venuto qui per anni, per anni mi sono nutrito di questo posto perfettamente intonato alla mia idea dell'Irpinia d'Oriente, una terra intimamente poetica e silenziosa, lontana dai mercanti del frastuono. Ogni casa, ogni persona stava nell'aria senza leziosità e artifici. Adesso non è così. Un vecchio ristorante domiciliato in una casa stile anni Sessanta, adesso esibisce un porticato con sfoggio di colonne e una volumetria da centro commerciale. Non è l'unico ristorante del paese, ce ne sono altri, ugualmente grandi, vaste ragnatele gastronomiche, distese ad attendere le mosche delle feste nuziali. Ormai i matrimoni da queste parti sono delle adunate di massa. Se non metti insieme almeno trecento persone sembra che sei un disgraziato.

La prima persona con cui mi fermo a scambiare due chiacchiere è l'ex sindaco. Gli chiedo come mai non hanno ancora trovato il modo di ricordare Mimì Tartaglia, il professore che ha messo su un museo della civiltà contadina che è il migliore tra quelli che ho visto in Italia. Risponde che il ricordo avverrà, ma è ancora presto. In fondo Tartaglia è al cimitero da meno di un anno. L'ultima volta che sono venuto ad Aquilonia è stato solo per visitare la sua tomba. Oggi niente cimitero, niente museo e niente visita alle rovine del paese antico. Intanto l'ex sindaco ci tiene a snocciolarmi tutti quelli che ai suoi occhi appaiono i progressi del paese. Gli rispondo che in effetti più che alla politica si deve molto a un dirigente industriale originario del luogo che è stato capace di dare «un posto» a un centinaio di ragazzi. Ora emigrano solo quelli che hanno studiato, per gli altri c'è dove andare a lavorare e ci sono anche i locali eleganti dove bere la birra estera ed esibire i propri occhiali da sole anche al chiuso.

Entro in chiesa proprio perché sono stanco di ammirare le diverse montature di queste protesi della faccia con cui ormai tutti andiamo in giro. Ho contato anche una trentina tra macchine fotografiche e videocamere. Il Giappone è arrivato ad Aquilonia. Forse Aquilonia non arriverà mai in Giappone.

Sto in piedi, davanti all'acquasantiera. Ascolto un prete che somiglia a un venditore ambulante. Dice cose che condivido e poco importa che le dica a nome di una fede che forse non è la mia. Dico forse, perché io una fede sento di averla, ma è una fede disoccupata, incapace di garantirmi la felicità, cioè il reddito tipico che una fede decente dovrebbe garantire. Parla di qualcosa del genere anche il prete dal pulpito. Ha un accento pugliese e un'aria bonaria, ma quello che predica dovrebbe suonare allarmante alle orecchie dei suoi ascoltatori. Dice che la loro è una fede di pelle e non di cuore. Dice che chi si limita a occuparsi della propria famiglia non è diverso da un leone. A un certo punto la predica diventa una sequenza di invettive che ruotano intorno all'idea che tutti in questa chiesa siamo atei e per questo infelici e spenti. Avete tutti una faccia da cadaveri, è l'invettiva del prete al paese seduto sui banchi della chiesa senza che da questi banchi si levi un brusio di dissenso. Stiamo festeggiando san Vito martire, stiamo festeggiando un uomo vissuto molti secoli fa, di noi fra cento anni nessuno avrà memoria. I primi cristiani si facevano ammazzare per la fede, lasciatelo qui, è inutile portarlo in processione se non siete capaci di fare quello che ha fatto san Vito.

Ero entrato per una visita breve e non mi perdo una parola di questo imbonitore fondamentalista che parla a persone che non stima. Se dipendesse da me lo farei papa all'istante, sarebbe curioso che un tipo così si affacciasse dal balcone di piazza San Pietro. La sua predica sta a metà tra Savonarola e *Striscia la notizia*. Adesso racconta che una volta in un paese della Calabria una donna si presentò nel confessionale con un quaderno. Gli disse che, siccome in quel paese non c'era il prete, per un anno non si era potuta confessare e allora si era scritta i peccati sul quaderno. L'aneddoto di dubbia autenticità sicuramente fa parte del repertorio, come pure la storia di una giovane della sua parrocchia che colpita da un tumore accettò il dolore come un grande regalo del signore. Ascolto tutto fino alla fine, fino a quando riprende la messa tradizionale del parroco del paese, fino a quando questa parentesi di misticismo oltranzista non lascia il posto alla solita liturgia. Ho l'impressione che il predicatore abbia predicato a vuoto. In fondo queste messe che precedono la processione sono un puro esercizio di attesa, quello che conta è mettersi la statua sulle spalle e uscire, andare in giro per il paese, ognuno con la sua fede, finta o reale che sia, poco importa.

I primi a uscire dalla chiesa sono gli anziani della Congrega Addolorata e Morti. Non è un nome allegro e, forse perché condizionato dalla predica, effettivamente le loro facce mi appaiono cadaveriche. Dietro la statua il sindaco con la fascia, i consiglieri comunali e il maresciallo. C'è la banda e c'è quello che adesso suona strano chiamare popolo. Dalle bambine vestite da angioletti con le Nike ai piedi, fino agli anziani con coppola e bastone, c'è tutto l'assortimento delle facce che ci sono adesso in giro, le facce e i gesti della noia di questi anni di paglia. Scatto qualche fotografia, poso il cavalletto della videocamera dietro le gambe aperte di una fanciulla e prendo da quest'angolazione lo scorrere della processione. La ragazza si scusa, crede che mi stia impallando, ma io le chiedo di restare così, spero che un'angolazione del genere possa dare un tocco singolare a una visione che di singolare non ha proprio nulla.

Lascio la processione al suo corso. Mi faccio un giro, cercando di mettere qualcosa sul mio taccuino. Trascrivo il nome del prete che ha fatto il panegirico. Si chiama Lello Martino, magari a qualcuno può interessare. Trascrivo la piccola predica che Tullio De Piscopo ha messo sul manifesto che annuncia il suo concerto: *dobbiamo vivere la vita come un viaggio senza mai dire «sono arrivato». Godiamoci ogni attimo anche delle piccole cose, perché un giorno ci guarderemo indietro e ci accorgeremo che erano grandi.*

Non so se questa predica oraziana s'imprimerà nella mente degli aquiloniesi più di quella del prete. Di certo a me colpisce di più il manifesto funebre che annuncia che una donna di quarantanove anni è «venuta a mancare all'improvviso» e un altro che annuncia la morte di uno che si chiamava Getulio Gerardo Annunziata. Era nato novantacinque anni fa, a quel tempo uno si poteva anche chiamare Getulio.

Sono le due meno venti. Alle due posso essere a casa. Aquilonia mi ha dato quel che poteva e non è poco.

SANT'ANDREA: IL PAESE COME TEATRO

Questa volta posso scrivere una cosa che non scrivo mai dopo la visita a un paese. Questa volta posso dire che a Sant'Andrea di Conza mi sono divertito. Ho assistito a uno spettacolo comico e un po' commovente senza pagare il biglietto, senza stare seduto in una sala buia.

Il primo che incontro si chiama Salvatore Guerriero. È vestito come un tifoso inglese e ha una pancia che pare una betoniera, ma la porta con un certo stile. Mi pare di vedere nella sua andatura uno che ha messo sotto sopra il bilancino narcisistico con cui cerchiamo di prenderci cura di noi stessi. Salvatore mi dice che ha il mito di Milano, ma nessuno nella forma e nella sostanza è lontano più di lui dalla milanesità corrente.

Siamo seduti davanti a uno dei bar del corso. Salvatore non vuole tenermi tutto per sé e mi presenta un suo amico, mi dice che è un dilanologo, mostrando di sapere che io sono il paesologo. L'esperto di Bob Dylan è una persona che sembra un'icona degli anni Settanta. Se esiste uno sguardo che viene da quell'epoca, questo sguardo è il suo: gli occhiali, l'abbigliamento, il tono della voce tutto parla di uno spirito avulso dal clima di questi anni. Ascolto una sua prima citazione del maestro: «non odiare nulla eccetto l'odio». Gliene chiedo un'altra e arriva un «non voltarti facilmente indietro» e subito dopo «lasciatemi morire sui miei passi». Ogni citazione è accompagnata da qualche aneddoto sulla vita di Dylan. Si continua con una frase che forse mi riguarda più delle altre: «chi non è occupato a vivere è solamente occupato a morire». Sì, mi riguarda, ma non oggi, non a Sant'Andrea insieme a queste persone che potrei definire post-esaurite, nel senso che sono reduci da travagli con la propria psiche, mentre io potrei definirmi un pre-esaurito, nel senso che il travaglio col mio corpo e con la mia psiche è sempre sul punto di arrivare a un compimento che non arriva mai.

Il dilanologo per vivere fa il bibliotecario; direi che averlo incontrato è già grazia sufficiente per tenere in piedi tutta la giornata, ma Salvatore ha deciso di essere il mio Virgilio e di farmi da guida.

Ecco venire verso di noi Angelo, siamo nel girone dei lussuriosi, siamo in un altro mondo rispetto al dilanologo. Salvatore me lo presenta come il playboy del posto e lui conferma. Salvatore dice che Angelo predilige le figlie dei sindaci e di altre persone importanti e lui conferma. «Mi piacciono le medio-borghesi», asserisce con aria composta. Uno così non lo puoi lasciare andare via tanto facilmente. Proseguiamo in tre a raccogliere per strada le anime degli altri gironi.

Ecco Mario, detto lo sceriffo. Anche lui ha una sua frase che gli fa da faro: «solo chi ha paura conosce il valore del coraggio». Poi ne aggiunge un'altra che definirei d'impianto paesologico: «in questo paese è rimasto solo il mormorare». Mario ha fatto il fabbro e questo mi dà modo di ricordare che se volete una bella ringhiera dovete venire qui, non ci sono altri posti dove sono più bravi a lavorare il ferro (e non scherzano neppure con la pietra).

Intanto Salvatore mi riferisce aneddoti e soprannome di ognuno che passa. Ho con me oltre al taccuino anche la videocamera e la macchina fotografica, ma non sempre faccio in tempo ad appuntare tutto quello che vorrei.

Adesso siamo alla storia di Rocco di Mariuccia che organizzò una corrida e con i soldi guadagnati se ne andò in Venezuela. Questo è paese di emigranti a lunga gittata. La comunità di sant'andreani più folta si trova in Australia. Ci vuole un viaggio di ventiquattro ore per tornare, ma questo non scoraggia nessuno: in questo agosto sono una trentina gli australiani in giro per il paese. E poi ci sono gli svizzeri, i tedeschi, i romani, i milanesi, i napoletani.

L'ultima volta che sono stato qui era inverno e mi sono messo a guardare le pietre dei portali, sono andato all'episcopio, ho guardato le nuvole. Oggi sto bene in mezzo a questo strambo miracolo che sono gli esseri umani e la letizia viene da un nome, da una stretta di mano.

Ogni due passi un tipo e due battute. Ecco Michele Malanga, ex sindaco degli anni Sessanta, pure lui raccolto in una sua aria emblematica. Ho la sensazione che Salvatore mi faccia sfogliare un album di figure mitiche, sono miti alla buona, gli unici a cui credo.

Ecco Donato Potuto. Con lui siamo ai peccati di gola. È figlio di macellaio e mangia la carne tutti i giorni, da sempre. Sembra contento di riferirmi questa sua peculiarità che gli garantisce un posto, se non nella storia, almeno nell'album del paese.

Passa una donna e Salvatore mi dice che è la moglie di uno che chiamano «il sindaco immaginario» perché organizzava di tutto: feste, convegni, partite di calcio e di briscola. Da quando si è sposato non organizza più niente.

Passa Andreone, imprenditore del marmo, compare una

che per Salvatore somiglia a Sandra Mondaini e un altro che si chiama Piccione ed è campione di uno sport assai praticato nel luogo: bere la birra. Piccione va per i quaranta bicchieri al giorno e la notizia non deve essere esagerata perché nel bar in cui entriamo le persone sedute al tavolo non hanno tra le mani la birra piccola, come capita di solito, ma quella grande. Uno di questi bevitori è Domenico l'imbianchino. Il suo motto è «vedersi sempre all'indomani». Salvatore dice che dipinge solo in bianco e nero perché è juventino. La battuta non è esaltante, ma io mi sento trasportato in un felice delirio e tutto quello che vedo e sento mi pare bagnato nella grazia di un dio mezzo matto.

Ora mi viene presentato il playboy di Caracas. Salvatore dice che «se le faceva tutte» e lui mentre si allontana aggiunge a mezza voce «anche gli uomini».

Scatto una foto a due anziani su una panchina che mi sembrano bellissimi. Incasso la solita ammirazione per mio padre da parte di qualche cliente che in anni molto lontani ha frequentato l'osteria di famiglia.

Il florilegio dei soprannomi continua. Prima eravamo con uno che si chiama «Tuttalpiù» e adesso siamo con uno che chiamano «il Conte» perché a Napoli studiava sempre in pigiama. Mi sfugge il motivo per cui gli viene anche attribuito l'epiteto «Mai più».

Ormai sono le sei e mezza, è l'ora che devo lasciare la strada e recarmi nei locali dell'ex fornace per moderare un dibattito sul territorio agricolo.

Qui l'atmosfera è diversa, il dibattito si inserisce in una due giorni dedicata al peperoncino. A suo modo anche questa potrebbe sembrare una situazione delirante, perché tra i relatori e il pubblico non ci sono contadini, ma a me oggi va bene tutto. Il dibattito è un fiorire di discorsi condivisibili e non ci sono nemmeno interventi particolarmente noiosi. L'atmosfera è festosa, ci viene servito un gelato al cacao e al peperoncino. I ragazzi e le ragazze del gruppo folcloristico locale chiedono di farsi la foto coi convegnisti come se fossimo star televisive. Oggi proprio non c'è limite alle soddisfazioni.

Ormai è l'ora dei saluti e saluto con piacere Antonio Vespucci, che parla di formaggi e salumi locali come un egittologo parla di faraoni.

Guido verso casa in uno stato di lieve euforia. La giornata non è finita. Ho voglia di andare ad Ariano dove c'è l'ultima serata del prestigioso Ariano folk festival. Il nome inganna, qui la scena è completamente diversa: a parte la birra, nessuna parentela con Sant'Andrea. Sul palco c'è un gruppo americano che ha attirato giovani da tutta la Campania e oltre. È Ariano, ma potrebbe essere Seattle o Cardiff o Zurigo. Anche questa a suo modo è una serata di grazia e forse non c'entra niente la citazione del dilanologo di una frase del maestro che a proposito di certe esperienze musicali parlava di «gente malata che suona per gente malata».

MONTEVERDE TRA GRANO E FORESTA

A Monteverde ci sono stato tre volte negli ultimi mesi, sempre con l'idea di scrivere qualcosa, ma non mi è mai parso di avere raccolto quello che serviva per tirare fuori un racconto compiuto. Ho il vantaggio che a me nei paesi non mi manda nessuno. Ci vado come e quando voglio. Posso scrivere e non scrivere. Posso aspettare che si apra la crepa che poi la scrittura deve in qualche modo riparare.

La crepa adesso è il sonno che non viene in questa notte di impazienza e di calura. La crepa di questa marcia da fermo che compio da quasi mezzo secolo. Sto invecchiando in questo chilometro quadrato di argilla e ansia e non so scappare, non riesco a credere che ci sia un luogo in cui posso scappare.

La prima visita recente l'ho fatta tra aprile e maggio, non ricordo di preciso la data. Ricordo però che era una bella mattinata di sole e che sono andato a Monteverde proprio perché c'era il sole. Una bella sensazione durante il tragitto. Niente traffico, la strada che avanza sinuosa in una campagna con poche case e molte pale eoliche. Queste pale potevano essere per i paesi della zona quello che è il petrolio per gli arabi, ma sono state messe da aziende private che sfruttano un bene pubblico, il vento, lasciando solo pochi spiccioli nelle casse dei Comuni. Il paese non lo trovi subito, ma proseguendo ti si squadernano davanti ampi squarci di Puglia e di Lucania. Monteverde è il punto più orientale della Campania, il più lontano da tutto quello che altrove si immagina sia la Campania.

Vado a sedermi su una delle panchine poste alla fine di una lunga scalinata in una piazza che ha la forma di un balcone. Prendo il sole scambiando qualche chiacchiera con un anziano seduto su una panchina attigua alla mia insieme al figlio. La conversazione dura pochi minuti. Mi comporto come un vampiro che ha addentato un collo anemico. Ben presto lascio la presa.

Mi avvicino a una persona che sta armeggiando intorno a uno strano oggetto. Comincia una conversazione lunga. Sto parlando con Michele Continiello, costruttore e riparatore di organi. Dopo un poco mi porta a vedere l'azienda dove lavora il resto della famiglia. Qui la visita potrebbe durare ore. Sono in un luogo che è a metà tra una falegnameria, un'officina meccanica e un'oreficeria. Uno dei fratelli di Michele è all'opera intorno alle gigantesche canne di un organo quasi pronto per la consegna. Io sono quasi pronto per andare via.

La seconda visita recente l'ho fatta a giugno. Sono andato perché invitato a una lettura collettiva di poesia. Appena arrivato incontro l'ex sindaco. Mi invita a salire sul suo fuoristrada, vuole portarmi a vedere delle grotte e delle strane pietre. Accetto di buon grado perché manca più di un'ora per la lettura.

Dopo qualche minuto ci troviamo in una strada e in un paesaggio che non mi aspettavo. Sembra di stare in un film di Herzog. Avvistiamo, tra piccoli branchi e bestie singole, almeno una ventina di cinghiali. Sicuramente questo è l'angolo più selvatico della Campania. Un luogo così non doveva essere molto diverso al tempo dei briganti. Intanto le grotte le vediamo solo da lontano. Arriviamo al posto delle pietre strane, ma è una stranezza che non giustifica il fatto che abbiamo compiuto un percorso come se fossimo alla ricerca dell'arca perduta. Il sindaco per tutto il viaggetto non ha mai smesso di lamentarsi della nuova amministrazione, rea di disconoscere i suoi meriti. La mia sensazione è che sia lui che il sindaco nuovo sono di gran lunga migliori di certi sindaci che il paese ha avuto nel passato. Penso all'avvocato Spirito. Ai suoi tempi Monteverde era davvero messo male. Il mio giudizio sull'avvocato nasce anche dal fatto che era mio professore di filosofia e aveva un singolare modo di utilizzare l'ora di lezione: nel primo e nell'ultimo quarto d'ora lui faceva i fatti suoi e noi i nostri, in questo modo l'orario effettivo si riduceva a mezz'ora.

La prima volta che sono stato qui avevo diciotto anni. Accompagnai un amico più grande che corteggiava una ragazza. Il paese era vuoto e rotto, ma allora non avevo nessuna idea della paesologia. Fu un'emozione intensa, peccato che non avessi un cassetto in cui raccoglierla. Neanche al mio amico la visita fu di giovamento: la ragazza non si fece vedere e lui si consolò ordinando vari amari dentro un bar che vendeva anche le stoffe e che era illuminato con una flebile lampadina. Ora è tutto diverso. Il paese ha pochi abitanti, ma non appare particolarmente disanimato. Nonostante i soliti guasti provocati dalla ricostruzione post-terremoto, ci sono pezzi di notevole bellezza: la lunga e ripida scalinata che porta alla chiesa e, ancora più in alto, il castello appartenuto ai Ranieri di Monaco. A Monteverde non ci sono disoccupati, a parte quelli che hanno fatto studi avanzati. Sono gli unici ad andare via e forse nel loro caso è inopportuno parlare di emigrazione.

Intanto l'ex sindaco mi ha riportato al paese. La lettura si tiene in un vicolo sotto il castello. Se uno ci passa in un giorno qualsiasi difficilmente può immaginare che sia un posto per organizzare una lettura di poesia. La serata poi è ventosissima. C'è molta gente, tra cui tutti i giovani che hanno sostenuto la nuova amministrazione comunale. Ho l'impressione che qui sia più vivo che altrove il senso della comunità. Sicuramente agisce la lontananza. Un paese con gli stessi abitanti che sta vicino a una città o a paesi più grandi finisce per essere svuotato dalle calamite che si trova intorno. Qui è come se il paese fosse ancora un pane comune, da spartire o da contendersi, non importa. La mia impressione è confermata da quanto mi dice uno del posto sul fatto che ci sta gente in giro anche nelle sere d'inverno. Anzi, c'è un bar che apre solo la sera. Questa è veramente una notizia. Molto di questo movimento è dovuto alla Fiat di Melfi. I ragazzi che ci lavorano sono una robusta iniezione ricostituente alla tradizionale economia fondata sulle pensioni.

Vado a leggere con un occhio indolenzito dal vento. Torno al mio posto e a furia di strofinarmi arrivo al punto che non posso più tenere l'occhio aperto. Scappo via prima della fine della manifestazione. Il ritorno a casa è penoso. Guido con gli occhiali da sole e un fazzoletto sull'occhio offeso. Vedo malissimo, ma riesco comunque ad avvistare un numero impressionante di volpi.

La terza visita, la più recente, risale ad agosto. Ma in questo caso al paese neppure ci sono arrivato. Mi sono fermato prima, alla diga dove per tutta questa estate e per quella dell'anno scorso hanno messo in scena uno spettacolo sull'acqua. Lo spettacolo ha il merito notevole di avere portato decine di migliaia di persone in un posto in cui non va mai nessuno. È la conferma che anche in un piccolo paese si possono fare grandi cose. In verità l'operazione mi ha interessato più dal punto di vista idraulico che poetico: i giochi d'acqua sono meravigliosi e finiscono per essere il centro della scena, mentre la vita del santo rimane un po' sullo sfondo. È singolare questo uso della fede extralight. Una volta si assisteva alle processioni dei flagellanti. Qui si sta comodamente seduti su una tribuna da stadio. Non c'è sangue e non c'è polvere, non c'è lo stilita che digiuna sulla colonna. La lontananza della scena impedisce di vedere la faccia del santo, ma si intuisce che si tratta di un giovanotto atletico, altro che il macilento Gerardo nato a Muro Lucano e morto a Materdomini. A conferma dell'impianto televisivo di tutta l'operazione c'è il fatto che lo spettacolo è presentato da Filomena Rorro, quella che lavora a *Chi l'ha visto*. Era un mito della mia gioventù ed è ancora molta bella. Di questi tempi si va dietro più a una come lei che a san Gerardo.

MATTINATA A LACEDONIA

*Stamattina c'era il buio che sta qui
da tre mesi, ma nei bar e nelle case
non c'era nessuna luce accesa:
bar Vitale, e l'Antica Caffetteria
Zichella, Ziccardi, Di Geronimo
Agorà, Seven Stars, e uno senza nome.
Tane del buio dov'erano acquattati
un po' di vecchi taciturni e secchi
e qualche mesto giovane spaiato.*

L'ultima volta che ho scritto di Lacedonia mi sono usciti questi versi. Adesso sono qui in una mattina di metà dicembre soprattutto con l'idea di fare delle fotografie. Il paese è raccolto. Qui c'è ancora una piazza dove passano tutti. La forma urbanistica è la stessa che c'era prima del terremoto. La prima cosa che avvisto è proprio un manifesto dove si parla del problema della ricostruzione. È incredibile che qui, dove il terremoto ha fatto pochissimi danni, dopo ventisette anni venga dedicato all'argomento ancora tanto spazio. Trascrivo integralmente il testo e vado avanti rinfrancato come se avessi subito colpito la prima bestia. Arrivo in piazza da corso Matteotti. Mi appunto che vi stanno parcheggiate quattro macchine: una Mercedes, un'Audi, due fuoristrada. Ora sono davanti a un bar. Ascolto una conversazione tra un insegnante in pensione e un altro signore che non conosco. Parlano del costo del grano e del mangime. Ho un passo insolitamente energico. Tutto quello che guardo mi sembra interessante. Al capo opposto della piazza mi segno i nomi dei morti: Sciretta Nicola, morto in Australia, Franciosi Gerardo, ad Almese, Torino. Entro nella sede del Napoli club: in fondo alla saletta c'è Vincenzo Saponiero. È uno scapolo che ha sposato il paese ed è sempre pronto ad alimentare ogni iniziativa, ma sono iniziative di cui ci si accorge quando persone come queste passano a miglior vita. In un momento in cui ognuno è accanito a seguire vicende strettamente private, appare quasi un'anomalia il comportamento di chi si occupa della propria comunità.

Vado a fare qualche fotografia nei vicoli. Ogni tanto spunta un'anziana donna e puntualmente la inquadro nel mio obiettivo.

Donne con buste bianche vanno e vengono, sempre una alla volta, ciascuna seguendo una traiettoria che è la stessa di ogni giorno. Intuisco la forma della panella di pane, il rosso sbiadito dei mandarini. Sono qui per guardare e basta e quando incontro un professore che so molto loquace ho un attimo di disappunto. In realtà il professore mi dice cose assai interessanti. Il guaio è che io sono stanco, sono stanco di tutte le parole, anche delle mie. Forse per questo ho appena finito un video sui paesi irpini in cui non ho messo neppure una parola. Ultimamente parlare mi fa anche venire il mal di testa.

Il professore mi ha consigliato di andare a visitare un cantiere dove a suo parere è in costruzione un'opera inutile. Siamo in zona Por Campania, *2000-2006, misura 5.1*, basterebbe questa sigla per capire che forse si tratta della solita appalteria per frusciarsi un po' di pubblico denaro. L'indicazione dell'opera dice tutto: *lavori di ristrutturazione per la realizzazione di una vetrina del distretto industriale di Calitri*. Prezzo: quasi novecentomila euro. Dunque, qui si sta realizzando una vetrina di un palazzo che non esiste.

Torno in piazza e trovo un manifesto funebre appena affisso: *Petito Pasquale è morto a Bra, provincia di Cuneo*.

Vado vicino al vecchio istituto magistrale. C'è un signore che è uscito davanti alla porta a prendere un poco d'aria. Gli chiedo quanti sono adesso gli studenti: una cinquantina, mi risponde. E subito dopo attacca una filippica contro gli insegnanti che non avrebbero neppure la forza di fare i figli.

Questo istituto ha diplomato un numero impressionante di maestri. Molti hanno continuato diventando presidi o professori o anche medici o avvocati, ma specialmente professori di educazione fisica. Un paese di quattromila abitanti ha sfornato duecento professori di educazione fisica. La prestanza fisica dei lacedoni è evidente. Basta guardarli, sono più alti della media della popolazione meridionale. Questo è un pezzo di Dalmazia trapiantato in Irpinia. E non c'è solo l'altezza. Il modo di parlare, i tratti dei volti: qui non ci sono dolcezze. Tutto è aspro, irsuto.

Lacedonia è insieme a Bisaccia il cuore dell'Irpinia d'Oriente. Qui se parli con qualcuno senti sempre un umore vagamente filosofico, come se la vita fosse accompagnata da continui pensamenti e ripensamenti. Più che nella terra del rimorso, siamo nella terra della recriminazione. La Campania napoletana è lontanissima, nonostante il club di Saponiero. C'è un'indole bellica che si manifesta anche nelle più vacue discussioni. Non ci sono più i guerrieri che contrastarono i Romani in una sanguinosa battaglia. Non ci sono più le lotte dei braccianti per la terra, ma non si può dire che questo sia un popolo fiacco, illanguidito. Qui non si spara con le pistole. Qui la polvere da sparo è nella gola.

Incontro il sindaco e mi fa cenno dei progetti per dare lavoro ai giovani, ma un altro interlocutore subito gli ricorda qualche inadempienza di poco conto. Il paese come focolaio della maldicenza celebra ancora i suoi fasti. Tutti sanno tutto di tutti, ma a patto che siano notizie negative. Un paese di insegnanti e agricoltori, questo è Lacedonia. Cattedre e trattori, cose che non si mischiano e formano una vita sociale dal gusto acido. Si esce, ci si incontra, ma lo si fa solo per demoralizzarsi l'uno con l'altro. La vita sociale come una Caporetto a oltranza.

Entro in un bar. La barista ha messo tra le mani di sua madre un bicchiere di carta con due dita di latte e caffè. L'anziana donna ha novantacinque anni ed è nervosa perché la figlia non vuole che lei vada ancora in campagna. Faccio la mia foto, potrei restare un po' al caldo a parlare con loro, ma sfuggo anche a questa conversazione. Oggi mi suona tutto un po' falso, le parole che dico e quelle che ascolto. Mi piacciono le persone che trovo per strada, mi piace osservarle da lontano. Guardare un'andatura, lasciare che mi passi accanto ignorandomi, un po' come accade ai cani.

Prima di andarmene faccio un paio di giri in macchina, quasi come se volessi aggiungere distanza alla distanza. Ogni tanto apro il finestrino e scatto, un po' come si fa allo zoo safari. Ho appena scattato una foto a uno che sta in piazza con il casco in testa (poco prima gli avevo scattato un'altra foto mentre parcheggiava la sua motocicletta). Considerando l'età avanzata del soggetto mi pare un bel gesto di anticonformismo, ma la scena può anche essere interpretata come segno ulteriore della Caporetto di cui parlavo prima.

Quando venivo a scuola, verso la fine degli anni Settanta, era il miglior periodo di questa terra e non lo sapevo. C'era qualcosa di vivo che serpeggiava in mezzo alle giornate. Non avrei immaginato, trent'anni dopo di aggirarmi ancora in questi luoghi, tra le stesse pietre, le stesse strade. A Lacedonia si vive nel ricordo di un passato in cui c'erano tanti uffici e adesso non c'è neppure un negozio di scarpe. A me questo non dispiace. Sono venuto qui proprio per le cose che non ci sono. In fondo le delusioni, le mancanze, sono le stampelle a cui si sorregge la mia scrittura.

Tornando a casa penso a quel che posso scrivere di questa mia mattinata. Guardo le foto: quella del signore col cappotto chiaro mi pare bellissima. Penso al dispiacere con cui il volenteroso sindaco leggerà le mie righe: Arminio e il suo solito pessimismo che non gli fa vedere le cose belle. Allora posso solo confessare che io non vedo quello che c'è, ma inseguo le mie visioni. Le vecchie con le buste in mano esistono solo nella mia fantasia malata. Perfino questi paesi esistono solo nella mia testa. A Lacedonia c'erano bravissimi giocatori di calcio. E sono nati straordinari musicisti come Pasquale Innarella, ma suonano altrove. Se mi sforzassi potrei sicuramente trovare altre note positive, ma io non sono un suonatore.

TONINO NEL PAESE DELLA CICUTA

Classe 1938. Ne nacquero quasi trecento in quell'anno a Bisaccia, tra quelli che se ne sono andati e quelli che sono morti, moltissimi da piccoli. Ora in paese quelli del Trentotto non sono più di una decina e io ne conosco solo due, credo si ritenessero amici di Tonino, ma lui non aveva amici. Tonino solo una volta si è scollato da se stesso, questo momento è stato quando s'innamorò della figlia del macellaio. Il suo amore non fu corrisposto e da allora ha sempre avuto un mirabile argomento di conversazione: la figlia del macellaio. Tonino non aveva mai una lingua piatta, qualunque cosa dicesse. Da giovane voleva fare il radiocronista, diceva che aveva fatto la domanda per un concorso alla Rai. Se avesse vinto quel concorso, ma non so neppure se lo abbia mai fatto, sarebbe stato bravo come Sandro Ciotti.

Tonino aveva un fratello che scriveva benissimo. Aveva l'epica in bocca, ma ha scritto solo un libro di memorie che si chiama *C'ero una volta al mio paese* e poi è morto.

Oggi è martedì e nevica senza molta convinzione. Tonino è morto mercoledì passato, erano le tre del pomeriggio quando ho risposto al telefono. Era la sorella Nicolina che diceva: «Tonino è morto, è morto Tonino». Lo ha ripetuto anche a mia moglie, perché la madre di mia moglie è sua cugina. Non si può dire che fosse anche parente con Tonino, perché lui non aveva parenti. Non andò a Cantù quando morirono i suoi genitori e non ci andò nemmeno quando morì il fratello Pietro. La stessa cosa fece la sorella Nicolina. Non so se lei partecipa ai funerali. Sicuramente Tonino non ha mai partecipato a nessun funerale. Giocava ai cavalli e parlava della figlia del macellaio o del fatto che il paese nuovo gli faceva schifo. Con la pensione che prendeva avrebbe potuto benissimo affittarsi una casa al paese vecchio, addirittura comprarsela, ma forse non gli andava di affrontare i fastidi del trasloco. E poi si sarebbe privato di un motivo di recriminazione. Lui, anche se lo faceva in modo affascinante, era pur sempre uno dei tanti recriminatori di questo paese. Ultimamente diceva sempre che la sorella lo aveva rovinato, diceva che non ce la faceva più, ma sono cose che qui dicono in tanti e nessuno ci fa caso. La sorella, nevrotica come lui, recentemente ha avuto due piccole ischemie cerebrali. Pure Tonino era passato dalle turbe della mente a quelle del corpo. In autunno lo avevano operato per un cancro all'intestino. Io da allora con lui non ho più ho parlato, lo vedevo che girava per il paese nuovo con il cappotto sulle spalle quando ancora l'inverno non era entrato nel vivo, l'ho visto qualche giorno prima di morire perché era andato a mangiare nel ristorante di mio fratello. Se gli avessi parlato, la sua morte improvvisa mi avrebbe ancora più impressionato.

Tonino era ragioniere, senza che nel carattere avesse nulla del ragioniere. Aveva lavorato tutta la vita negli uffici che dovrebbero far pagare le tasse. Squallide pensioncine, ristoranti, sonnellini pomeridiani. Il tutto sempre col collare della nevrosi, con la museruola delle paure che gli impediva di mordere anche il più piccolo pezzo di mondo. Prendere un treno, comprarsi un pantalone, salire su una corriera, tutto si era fatto più difficile. Sudate lente o improvvise, l'affanno, i pensieri, il torpore che gli cadeva nel corpo mischiato ai piombi d'una inquietudine che non voleva mai finire. Poco alla volta aveva perso la gioventù senza che gli venissero le rughe della vecchiezza. Era arrivato al crepuscolo con le valige leggere. Quando stava con gli altri recitava il suo essere scapolo con qualche felice arguzia, poi c'erano le sue stanze disadorne, l'affanno delle sue notti addomesticate dagli psicofarmaci. Il corpo come fardello da portare sulle spalle, gli altri come una nube minacciosa. Nessuna calma, nessuna fiducia nello scorrere delle cose. Gli davano fastidio il freddo e il caldo, i luoghi affollati e quelli desolati, odiava la sorella, non aveva simpatia per gli estranei, la sua intelligenza girava a vuoto, le sue parole erano preziosi stucchi che non avevano pareti a cui attaccarsi. Camminava nel paese nuovo come se fosse in città, non si aspettava saluti, poi scendeva al suo amatissimo paese vecchio per giocare la schedina, per il lotto, per i cavalli. Era invecchiato ma molto lentamente, a quarant'anni poteva guardare qualche passante, poteva masturbarsi prima di prendersi due tavor. Ma non gli era mai capitato che una donna gli andasse vicino, che gli accarezzasse il viso, lui continuava a camminare con il giornale sportivo piegato sotto il braccio, non credeva alle chiacchiere della politica, preferiva lo sport, gli piaceva forse perché gli ricordava la sua passione da radiocronista, forse qualche volta sognava di raccontare partite importanti, sognava di firmare autografi.

Non so come passava le ore dell'impiego, posso immaginarlo orgoglioso all'inizio di avere un ruolo sociale, posso immaginarlo sospettoso, sempre convinto di avere qualche collega che gli tramasse contro. Il primo incarico a Pordenone, poi Arezzo e infine Avellino. Sarebbe potuto arrivare anche più vicino, ad Ariano, ma lì c'era la figlia del macellaio. C'è chi nasce col vento contrario, c'è chi infila il mondo dalla strada sbagliata. C'è chi prende fin da subito il male che a tutti è riservato alla fine.

Dicevo della telefonata. Siamo andati a casa sua. Al piano di sopra si sentiva il lamento della sorella Nicolina. Era seduta vicino al letto e Tonino era sotto le coperte, girato di fianco, con la faccia leggermente chinata verso il petto. Il colore era quello inequivocabile della morte. Non mi sono avvicinato a toccarlo. Sono sceso al piano di sotto, ho chiamato la signora delle pompe funebri, mia suocera, il medico, il prete, un paio di suoi coetanei.

Così è cominciato il funerale di Tonino. Ho guardato sul comodino. Alla confezione di tavor mancavano solo due pillole. Diceva che si voleva uccidere. Invece è morto di freddo e di tristezza. Qui nevica da quaranta giorni e Tonino diceva sempre che questo è un paese per i lupi. Il giorno dopo ho saputo dal ragazzo che lo accompagnava al paese vecchio e che gli comprava le medicine che lui il giorno prima diceva che gli faceva male il petto e gli aveva fatto prendere uno sciroppo per la tosse.

La sorella Nicolina nonostante gli ottant'anni e la grande nevrosi e le ischemie piange compostamente suo fratello. «Figlio mio, figlio mio bello», ripete con una vocina che forse non ha mai usato quando aveva nove anni, ma la vocina è quella, si è conservata per zampillare adesso davanti al fratello morto.

La casa di Tonino sta nella periferia del paese nuovo, in una di quelle che chiamano stecche, una stecca strana, perché a un certo punto c'è un vuoto e poi ricomincia un'altra casa. Qui ogni posto ormai è periferia. Io non saprei come spiegare a qualcuno dove abitava Tonino. Guardo questa casa, guardo quello che c'è, come se ogni oggetto potesse essere il segno di chissà che. Non si può dire che sia una casa arredata, ci sono le giacche di Tonino ammuffite nell'armadio, c'è una radio che non funziona, un televisore, il calendario di padre Pio, un paio di santini di sant'Antonio, ci sono le medicine della sorella e quelle di Tonino, c'è un calendario anno 1997 di un vecchio periodico locale, ci sono le tazze e i bicchieri, ma non ci sono bomboniere nella credenza: Tonino non si sarebbe sposato neppure se avesse vissuto mille anni, mentre la sorella si è sposata tardi con un rudere di un paese vicino e quando gli è morto il marito è tornata alla sua nevrosi per poi essere raggiunta anche dalla nevrosi del fratello che è tornato qui a passare la pensione. Non poteva certo restare ad Avellino. In quella città, che sa essere vile e ipocrita come poche, vedevo Tonino che passeggiava sempre da solo, anche lì giocava ai cavalli, al totocalcio e forse qualche volta andava a puttane; credo che fossero tutte occupazioni per passare il tempo che gli rimaneva tra le ore passate in ufficio e quelle sedate dai suoi tavor e dai suoi valium. Mi aveva raccontato che a Pordenone stava con una assai bella e che aveva fatto pure un figlio. Non ho mai capito se questa storia fosse vera oppure fosse un'invenzione di quelle che si fanno per non dare agli altri la sensazione che la nostra vita sia tutto uno squallore.

Torniamo al funerale. Per prima cosa bisogna andare dal medico che deve fare il certificato. Quando sono venuti quelli delle pompe funebri è cominciata la faccenda della vestizione. Fino a un paio di anni fa il morto lo vestivano i parenti, adesso anche qui c'è una vera e propria agenzia di pompe funebri che fa tutto. Una volta bisognava andare ad Aquilonia a fare i manifesti e poi bisognava dirlo a quello della bara, a quello dei fiori, a quello del carro funebre, adesso devi solo pagare e fanno tutto loro. Dicevo della vestizione. Tonino non pensava di morire e non aveva panni pronti. Abbiamo trovato una giacca scura che più o meno poteva andare, ma al morto bisogna mettere anche le scarpe e devono essere nuove. Mia cognata Rosetta ha visto sotto le scarpe il numero che aveva: 41. Sono andato dal calzolaio, me ne ha date un paio nere, numero 42 per metterle meglio. Cinquanta euro, sconto compreso. Messe le scarpe, messa la bara al pian terreno, Tonino è stato avvolto in un lenzuolo e sceso per le strette scale. Eccolo in mostra, in mostra per nessuno. Intorno ha quattro lampioncini, stesso numero di quelli che lo stiamo vegliando, io, mia moglie, mia cognata e mia suocera. Alle sette chiudiamo la porta. Non sono venute neppure le vicine perché la sorella Nicolina la considerano pazza e sono andate molte volte dai carabinieri perché avevano paura a vivere con una vicina così. Non sono venuti neppure quelli che si ritenevano amici di Tonino. Vediamo domani, mi sono detto tornando a casa.

Il giorno dopo abbiamo aperto la porta e la sorella Nicolina ha ripreso a dire figlio mio, figlio mio bello. Verso le undici è venuto il prete e ci ha dato un foglio per pregare, ma mentre iniziava a pregare gli è squillato il telefonino. Lo ha spento e subito gliene è squillato un altro.

Dimenticavo di dire che Tonino e la sorella hanno una cognata, la moglie del fratello Pietro a Cantù, e questa cognata ha detto che non potevano venire né lei né le sue figlie. Ha parlato con me e col prete che era amico di suo marito. Ha detto che forse non si può viaggiare per la neve e che le figlie possono avere solo due giorni di permesso. Parlava come se Tonino fosse morto sulla luna e dopo questa telefonata io mi sono sentito molto stanco, forse perché sono stato troppo gentile. Lei comunque mi ha detto che sarebbe venuta a Pasqua per vedere che fare di Nicolina e dei suoi soldi. Comunque ho l'impressione che lei e le sue figlie non siano gente malvagia.

All'una siamo andati a mangiare e Antonietta mia moglie ha preparato un po' di pastina per la madre e la sorella Nicolina che sono rimaste davanti al morto. Alle due e mezza sono venuti quelli a chiudere la bara per portarla in chiesa. Eravamo sempre noi quattro. Fuori c'era un tempo vergognosamente brutto, pioveva e nevicava nello stesso tempo, c'era il solito vento terribile, le nuvole ti entravano nelle tasche. Dietro al carro funebre che andava alla chiesa del paese nuovo solo due macchine, la mia e quella di Antonio, mio amico e impiegato al Comune nei servizi sociali. Alle tre meno un quarto il prete ha iniziato a dire la messa. In chiesa ho contato nove persone che poi sono diventate una ventina, sono arrivati anche un paio di quelli con cui Tonino stava sempre in piazza. Il prete durante la cerimonia non ha speso molte parole per Tonino, ha detto solo che qualche giorno fa aveva vinto alla lotteria. Io quando muoio non voglio essere portato in questa chiesa e non voglio che sia questo prete a dire la messa. Quando muoio sarà un problema perché se mia madre è ancora viva per lei sarebbe inconcepibile un funerale senza chiesa e senza prete. Dovrei morire dopo mia madre e dovrei organizzare un funerale alternativo, ma queste sono cose che se le fai tu ti prendono per malato e allora ci si affida alle consuetudini, alle decisioni del momento.

Alla fine della messa i pochi presenti hanno dato le condoglianze ai pochi parenti, il tutto si è risolto in un minuto. Bara in macchina per andare al cimitero. Bara di nuovo aperta, prima di sigillarla definitivamente. Ancora la sorella Nicolina che piange e ripete il suo figlio mio bello. Effettivamente Tonino da morto ha un bel volto, forse è la prima volta che il suo corpo è al mondo senza soffrire.

49

Sono arrivati alcuni sessantenni. Uno che è venuto da Andretta ha qualche lacrima. Io vorrei che Tonino tornasse per un attimo vivo e vedesse che funerale gli stiamo facendo. Il loculo è in alto, sotto di lui ci starà Nicola il barbiere con pettine e forbice sotto il nome. Con qualche sforzo la bara viene infilata dentro. Sembra che stiano chiudendo una macchina in garage e spingono a mano perché non c'è benzina. Continua a nevicare. «Bello, figlio mio bello», ripete la sorella Nicolina.

Finito il funerale è andata a dormire dalla cugina Velia. Dopo un paio di giorni è voluta tornare a casa sua. Davanti alla porta c'era la gatta che l'aspettava. Lei era tutta contenta di averla trovata. Appena è entrata, siccome era ora di pranzo, ha preso il pane e una pera, mangiava e piangeva e accarezzava la gatta dicendole che non doveva mai più andarsene che doveva stare sempre vicina a lei. Ha preso la faccia della gatta tra le mani e diceva: «come dobbiamo fare, abbiamo perso a Tonino» e intanto continuava a mangiare il pane e la pera. Noi eravamo lì, ma lei stava sola con la gatta e la gatta sembrava corrispondere al suo affetto.

Io ho approfittato di tanta indifferenza per guardare ancora la casa. La camera di Tonino è assai simile alle camere delle pensioni in cui ha sempre vissuto: un letto, un armadio e un comodino, unico libro sulla sedia il libro del fratello. Da nessuna parte ci sono fotografie di bambini, solo piccole foto dei genitori e del fratello. La sorella Nicolina non ha fotografie del marito, lei è come se non si fosse mai sposata. Il marito si chiamava Nardino. Qualche volta si confondeva davanti alla bara e chiamava il fratello col nome del marito. Non ci sono piante vere, normalmente le imposte delle finestre erano chiuse e resteranno chiuse anche adesso. Prima c'erano due bambini invecchiati in una lunga solitudine. Adesso Nicolina non vuole prendere più medicine, non vuole stare sola, vive con le sue allucinazioni, ogni volta che scende in cucina pensa di trovare il padre e la madre. Forse una mattina si metterà nel letto come Tonino e smetterà di parlare, il grembiulino della vita le cadrà di dosso. Lei è già arrivata più avanti di Tonino, gli anni in più che ha vissuto sono serviti a mettere in disordine la sua testa. Tonino è morto per sfinimento, perché era un giocatore rimasto per anni e anni sul campo a giocare la partita della solitudine, mai un intervallo, mai un goal, tutto un andare avanti e indietro, senza concludere mai nulla.

Nessuno poteva aiutarlo, il medico indaffarato che gli poteva solo prescrivere delle medicine, i chirurghi affamati di soldi che gli avevano tolto un po' di marciume dall'intestino, nessuno gli poteva togliere la boxe che si svolgeva ogni giorno nella sua testa, lui subiva colpi, non riusciva a sottrarsi, ormai era un pugile suonato e nessuno poteva gettare la spugna al posto suo.

Forse non è neppure morto, si è pietrificato all'improvviso, gli è accaduto qualcosa di diverso, si è mutato in pietra perché in forma umana non poteva più resistere. Ognuno resiste fino a un certo punto, la vita è una cosa che ci sfinisce tutti quanti, nessuno le resiste, è un rullo e noi dobbiamo tornare pietrisco, noi dobbiamo cadere uno alla volta per fare da strada agli altri. Tonino stava sotto il rullo da anni, da quando aveva perduto la figlia del macellaio. Da allora non aveva scommesso più su niente, a parte i cavalli e le partite di pallone, si è preso ogni giorno la sua razione, la bistecca al ristorante, lo stipendio, i panni in lavanderia, si è fatto la barba. L'ultima volta però la barba gliel'hanno fatta i ragazzi. Gli sono venuti fuori i suoi tratti scolpiti. Peccato che l'hanno visto pochissimi dentro la bara, era veramente bello, si faceva guardare e non ti veniva paura di morire.

LA VITA INCOMPRENSIBILE

C'è un paese in questi anni in cui sono stato centinaia di volte. È un paese senza automobili e senza televisori. C'è una chiesa senza altare e senza tetto, ci sono case chiuse e altre squarciate, non ci sono carte, penne, bracciali, tovaglie, macchine per cucire, non ci sono occhiali, mutande, calzini. Questo posto adesso si chiama Conza Vecchia, questo è un paese in cui ogni tanto vado ad aprire gli occhi, da solo o in compagnia. Non è un viaggio, è un'ascensione. Non salgo verso un santuario, non mi aspettano processioni e madonne, salgo verso un campo sportivo che ha porte arrugginite e senza rete, un campo senza linee e senza pallone.

Vado a vedere una partita che non c'è. Vicino al campo c'è quello che una volta era un parco giochi, c'è una fontana senz'acqua, uno scivolo su cui non scivola neppure una foglia, ci sono alcune panchine che prendono il sole e la pioggia.

Non sto parlando di un posto per turisti e se qualcuno arriva qui come turista direi che ha sbagliato meta. Questo è un luogo per chi ha due minuti di vita tra le dita, uno per sé e l'altro per il mondo, un posto per chi sente l'urgenza di allontanarsi da tutto e di avvicinarsi a tutto.

Su questo campo io non mi sento diverso dalla merda secca di una mucca, prendo il cielo tra le mani, cerco di baciarlo, il cielo mi accoglie e mi respinge, e intanto arriva il tramonto, scendo verso la mia macchina, mi rimetto in marcia verso altri paesi, torno nell'imbuto della mia vita, parlo, scrivo, accendo i fuochi dell'impazienza, ma il mondo non sa che farsene della mia fretta.

Il mondo non è come Conza Vecchia, non è un luogo abbandonato, il mondo è un luogo dove le persone sputano e mangiano e dormono e dicono bugie e credono di odiarsi o di amarsi, il mondo è pieno di cose e non sappiamo più come svuotarlo. A Conza c'è voluto un terremoto, il mondo tende a prendere peso, a dilatarsi e noi siamo schiacciati da questo peso, conversiamo sotto il peso delle nostre parole, amiamo sotto il peso del nostro amore, scriviamo sotto il peso della nostra scrittura, viviamo sotto il peso della nostra vita e non riusciamo a metterci sopra, non riusciamo a salire come un passero sale su un ramo.

Io sento questo peso e quando incontro qualcuno non ho tempo per vedere cosa accade, voglio subito andare a togliere il masso che mi opprime, che ci opprime. Le persone vogliono tempo, vogliono amarti o vogliono odiarti un poco alla volta, ci devono arrivare alle cose e non sopportano che tu sia già lì, sotto la casa crollata e dentro la casa che sta in piedi, dentro l'indifferenza e dentro la commozione.

Io cerco gli esseri come un bambino, li cerco ma ormai la mia ricerca è incomprensibile, parlo un alfabeto perduto e un po' folle. Ogni episodio della mia vita è un affresco perduto, vago nel mio corpo come un dio esagitato, mi avvicino al corpo degli altri come un pezzente, e ogni volta che apro la mano non arriva niente, ogni volta che scrivo è come se volessi accarezzare qualcuno, qualcosa, il mio amore per il mondo è così disperato e infinito da farmi apparire chiuso nel mio narcisismo. In realtà sono un essere sfondato, senza fondo e senza coperchio, un tubo vuoto continuamente attraversato da me stesso. Questo non è un pensiero difficile, queste non sono faccende filosofiche, non ho grandi pensieri, sono appeso alle immagini, il mio corpo è una fabbrica di immagini, le parole per me non sono parole, sono carezze, specchi, mani, occhi, sono rami di un albero che mi cresce dentro prendendo linfa dalle radici del mio corpo: corpo radice, parola chioma.

Non finisce mai di stupirmi notare come tutto questo non interessi a nessuno. Mi stupisce come nessuno venga a prendere il fresco della mia ombra, come nessuno venga a studiare da vicino questa follia che mi tiene al mondo. Lo so che ce ne sono tante, una per ogni persona forse, o forse ce ne sono poche, veramente gli uomini sono uomini e basta, come gli alberi sono alberi e basta. Tutto il mio tormento sta nel cercare di sfuggire a questa logica, di arrivare insieme a qualcuno in un luogo in cui gli uomini sono uomini e altro, in cui gli alberi sono alberi e altro. Forse ognuno di noi ci arriva da solo in questo luogo, il difficile è arrivarci insieme, passarci più o meno fugacemente in questo luogo e sentire che può sembrare il sorriso di dio o una sua goccia di sudore, quello che conta è che ogni corpo si sgretoli, diventi mollica offerta a tutte le formiche del mondo.

Sto scrivendo queste cose non dopo aver letto un libro, ma dopo un viaggio a Conza. Il paese morto mi ha messo aria nelle vene e quest'aria è arrivata al cuore. Non c'era nessuno con me, non ho parlato con nessuno, l'uomo che a Conza Nuova mi ha detto che ha fatto il minatore in Belgio e che ha perso la moglie nel terremoto, aveva una faccia che già non ricordo, quando l'ho ascoltato ero già perso, volevo un bacio che lui non poteva darmi, volevo carezze che lui non poteva farmi.

È andata così anche oggi, ho perso tutto e non ho dato niente. Non ho scuse, non ho meriti né colpe, sono fatto così, passo di mano in mano come un pacco che nessuno può aprire, passo il tempo ad avvolgere il pacco con altro spago, più parlo e più aumento i sigilli. Dopo che sarò morto, dopo molti anni di silenzio, potrei apparire aperto, ventilato, qualcuno potrebbe venire dentro di me, io stesso potrei entrare dentro qualcuno. Adesso è impossibile, non ci sono strade tra me e il mondo e quelle che ci sono si ostruiscono mentre le percorro. Ogni cosa che dico, ogni cosa che faccio è come se abolisse quello che dico e quello che faccio. Per capire queste cose non ci vogliono esseri superiori, queste cose non si capiscono semplicemente perché sono incomprensibili. La vita se non è incomprensibile non è niente...

Dopo questa frase ho guardato la mia faccia in una foto di molti anni fa, ho ascoltato il rumore della televisione nell'altra stanza e perfino voci di qualcuno che passava per strada, è come se dopo aver detto che la vita è incomprensibile, la vita mi avesse ascoltato e avesse deciso di tornare da me con quello che può essere e quello che può fare, la vita che mi aspetta se mi alzo a parlare coi miei figli o a bere un bicchiere d'acqua, la vita che viene quando ti addormenti e quando ti svegli, quella che i morti ci invidieranno sempre e in fondo non sappiamo perché, noi che ci conficchiamo in questo muro istante per istante.

I paesi dell'orlo

Ogni tanto per vecchiaia
muore qualcuno
che non cercava potere
né vittoria
e questa era finissima cultura.
Ogni paese era una tela di eroi,
la miseria per cui lavoravano
oscurava la grandezza
di ciò che davano.

PASSAGGIO A SAN NICOLA BARONIA

Per prima cosa appena arrivato a San Nicola vado a vedere il posto dove stanno i malati. Lo chiamano Presidio Sanitario con questi nomi burocratici che si usano adesso, ma in realtà è una palazzina per metà ospedale e per metà manicomio. Al primo piano nove pazienti considerati malati di mente e al secondo piano altri nove pazienti con malattie organiche croniche. Nella visita precedente c'erano uomini che dormivano sui tavoli: incuria, cattivi odori, insomma un'atmosfera indecente per un luogo di cura. Questa volta trovo locali abbastanza puliti, nessuna scena di particolare abbandono, ma non posso comunque impedire che un'ombra cada da queste vite sulla mia anima perennemente spaventata. Ecco, per me venire a San Nicola non avrebbe senso senza una visita a questi sventurati che quasi nessuno viene a visitare. È il turismo della clemenza. Io non vado in giro per divertirmi, vado in giro per capire cosa succede nei paesi e in qualche caso per fare dono della mia presenza. Per queste persone non sono nulla e la loro percezione è sicuramente più vicina al vero della mia, ma questo mio essere nulla dà loro qualche giovamento.

Osservo la loro partita a carte: un'anziana donna con un anziano dallo sguardo impaurito. La donna tiene svogliatamente le carte tra le mani, ogni tanto prende un biscotto e se lo porta in bocca, poi urla qualcosa contro il suo compagno di gioco: i rancori dei miseri si rivolgono quasi sempre verso altri miseri e infatti la donna guarda l'infermiera in arrivo con devota mestizia e l'urlo si fa cantilena, un urlo di routine, giusto per tenersi in regola con la quota di follia che giustifica la presenza in questo luogo. In un'altra stanza c'è un signore in pigiama con le mani sui genitali e lo sguardo rivolto al soffitto. Gli faccio una foto con gesto furtivo: da turista della clemenza a voyeur della disperazione il passo è breve. Dopo una mezz'oretta incontro una ragazza che qui fa le pulizie. Si annoia e me lo dice con franchezza. Non deve essere bello stare tutti i giorni in questo posto a vedere questa gente che non può fare altro che esibire la propria sofferenza. Tutto lascia pensare che l'aria derelitta che li avvolge in superficie corrisponda a un'apocalisse interiore.

Sono nella terra di nessuno delle quattro del pomeriggio. Faccio un giro a piedi, ma il paese finisce subito e non ci sono chiese da visitare e vicoli da scoprire e fanciulle da ammirare. San Nicola è distribuito intorno alle cinque curve della statale che attraversa la Baronia. È Irpinia, l'Irpinia terremotata del Sessantadue e lo si vede dalle case che hanno l'aria tipica di quel periodo anche se molte sono state risistemate dopo il sisma dell'Ottanta. Mi fermo davanti a uno dei due bar di San Nicola. Fumo, birra, sigarette, occhiali da sole. Un anziano che ha lavorato molti anni all'estero dice cose felicemente sconclusionate e con questi suoi motti buffi fa passare un po' di tempo agli adolescenti che gli stanno intorno. Una scena del genere nelle città e nei paesi più grandi è assai più rara.

Uno che ha lavorato a Bedford, Inghilterra, in una fabbrica di mattoni mi dice che nel cimitero di quella cittadina ci sono molti italiani morti prima d'invecchiare; pure molte donne ci sono, aggiunge. Le donne lavoravano in una fabbrica che faceva sedili per aerei, hanno respirato sicuramente tante porcherie. Un altro che è stato a Toronto conserva ancora un'aria canadese e si mette in moto per smaltire il colesterolo, si avvia a piedi verso un paese vicino. Davanti al bar l'insegna Sky, è segno che qui puoi vedere le partite e un paese senza le partite pare una cosa insulsa. Dentro il bar televisore acceso. Davanti al bancone c'è un signore alto con barba da lutto e birra in mano. Ragazzi che giocano a biliardino. Tressette con coppie miste: un cinquantenne e un anziano contro un cinquantenne e un anziano. Un giocatore ha due bastoni in una mano. Poster dei calciatori alla parete. Ora la TV è spenta, ma è accesa la radio. Cartello con scritta: *cari signori è vietato fumare.* Quello che è stato a Toronto è tornato dalla sua passeggiata. L'uomo davanti al bancone mi dice che è un professore di scuola media in pensione. Il barista mi regala una penna e un accendino e prima mi aveva offerto un'ottima cioccolata calda. Intanto una piccola fitta alla tempia mi distrae per un attimo dall'osservazione della vita nel bar. Notizie sul paese: seicentocinquanta abitanti, tutti hanno una casa, e non sono case piccole, almeno cento metri quadri. Niente poveri. Molti soldi in banca e alle poste.

La partita a tressette è finita. L'uomo coi due bastoni è rimasto solo. Più in là un anziano che sta con una birra in mano invita un altro anziano a una partita.

Sono le sei del pomeriggio. Passo per la scuola del paese, nei paesi piccoli stanno tutti insieme dalla materna alla media, ci sono i lavoretti esposti e la recita prenatalizia e i genitori con videocamera e macchine fotografiche e telefonini. Nella scuola ci sono tutti, incontro anche l'organizzatore della proiezione del mio documentario sui paesi irpini. Mi avverte che c'è un funerale e che mancheranno un po' di persone. Io non ho nessuna ansia che siano in pochi o in tanti.

Quando comincia la proiezione ci sono una trentina di persone, ma la cosa notevole è che tra loro c'è un gruppetto di ventenni. Spento il proiettore, subito comincia il giro delle parole. Ascolto con attenzione, lascio che il discorso vaghi senza una direzione precisa. Siamo sparsi nella sala senza distinzione tra platea e oratori. Io sto vicino a un termosifone. Ogni tanto penso al fatto che forse non mi sento bene, che forse è meglio tornare a casa. Ma le parole che ascolto non sono futili, c'è voglia di esprimere qualche idea e non solo di smuovere le mascelle.

A un certo punto intervengo per avviare il dibattito verso la conclusione. Ma c'è una postilla. Il medico del posto ci dice che ha inoltrato una richiesta alla Regione Campania per l'acquisto di un certo numero di defibrillatori da distribuire nella zona. Ci ha detto che ogni anno nei nostri paesi circa duecento persone muoiono della cosiddetta morte improvvisa e che col defibrillatore (che costa un migliaio di euro nella sua versione più semplice) molte di queste persone si potrebbero salvare. Dovrebbe stare nelle farmacie, dovrebbero possederlo i vigili urbani, dovrebbe stare nei ristoranti quando c'è un pranzo nuziale o allo stadio, insomma ovunque ci sono assembramenti cospicui. Io non so che fine farà la richiesta del bravo medico. Lui l'ha fatta in nome dell'assemblea territoriale di Cittadinanzattiva di cui io sono il coordinatore. Ogni tanto il dottore organizza un incontro in cui ci diciamo cosa si dovrebbe fare e c'è sempre il rischio di scambiare queste intenzioni con l'azione effettiva. La nostra decenza, se ancora possiamo averne una, sta nel servire più che nel parlare e ognuno deve farsi servitore di qualcosa, di qualcuno.

Me ne vado da San Nicola senza le amarezze che di solito mi lasciano questi incontri. Non so dire bene cosa sia accaduto in quest'altro giorno della mia vita e cosa è accaduto alle persone che ho incontrato. Di sicuro, per me e per loro, un altro giorno è passato e l'inesorabile emorragia del tempo non può essere bloccata da nessun defibrillatore.

ZUNGOLI

Sono a Zungoli con una giornalista che vive a Roma, ma è attenta a quello che accade nell'Italia che non si vede mai in televisione.

Oggi è come visitare un reparto di geriatria all'aria aperta. Io non dispenso farmaci, sono semplicemente un orecchio che ascolta. Una volta qualcuno mi ha detto che sono un egocentrico che sa ascoltare, ma è un ascolto egocentrico proprio perché basato sul tentativo di distrarmi dal perenne ronzio dei miei neuroni allucinati da quarant'anni d'ansia.

La scena è fatta di sedie e scalini davanti alle case. È il teatro per ingannare la maliziosa noia della domenica pomeriggio, ma sarebbe la stessa cosa pure se fosse lunedì. Il calendario delle ferie e del lavoro qui ha poco senso. Siamo in una zona di persone che hanno già regolato i conti con l'aldiquà e adesso stanno espletando le pratiche per l'aldilà. Sto a spiare gente che si sente sul confine. Anche io mi sento così, a dispetto dell'apparenza e dell'anagrafe. Sto con gli anziani più che coi ragazzi che vanno in discoteca, li ho scelti come miei interlocutori preferiti. Attraverso loro, attraverso le persone che stanno per lasciarla, cerco di scoprire un qualche grumo in cui sia impresso il senso della vita.

Questo per me è un paese biblioteca, vengo per studiare, non per divertirmi. L'aria di Zungoli ha una composizione particolare, non mi riferisco all'assenza di agenti inquinanti, mi riferisco al fatto che è un'aria che pare contenere i respiri di un'altra epoca. Qui mi sento all'inizio degli anni Settanta, ma con gli anni che ho adesso.

Camminiamo per queste stradine che finiscono presto. Il paese è veramente un piccolo monile di muri bianchi e grigi, uno zucchero filato di stradine, di porte e di brusii. Il rametto delle chiacchiere si spezza facilmente. La gente sta fuori quando c'è ancora la luce e il tepore della stagione. Si sente un modo di conversare che non è mai concitato, un parlare senza animosità, lento, lievemente ipnotico, circolare.

Il taccuino degli appunti pare un piccolo catalogo di oggetti smarriti.

La prima che ascoltiamo è una signora che vive in America, si chiama Giovina. Parla male degli iracheni e del paese com'è adesso. Insieme a lei altre due vicine che sembrano liete della presenza di qualche forestiero.

Nel fondo della via c'è una signora triste che ci saluta con un po' di disagio. Si chiama Carmela. A un certo punto dice che la vita è una merda e mi fa pensare allo spirito cioraniano che ho sempre considerato particolarmente vivo in questi luoghi.

Qualche metro più avanti appuriamo l'esistenza di una vedova che vive col fratello pensionato. Ancora sulla stessa strada c'è una signora anziana seduta davanti a un balcone aperto. È assistita da una donna rumena. Si chiama Ilona, ma tutti la chiamano Illi. Mi parla della sua vita in Transilvania e del fatto che vuole tornarci appena possibile. Io in Transilvania non ci sono mai stato, e mi sono fatto l'idea che non deve essere tanto diversa da queste zone proprio perché è il luogo natale di Cioran.

In un vicoletto di pochi metri scambiamo alcune parole con la signora Maria Rosaria che ci parla dei suoi quattro figli. Poi è la volta del signor Giuseppe, novant'anni e otto figli. Sono sorpreso quando mi dice che non è vedovo e che alcuni figli stanno ancora nei paraggi.

Mi allontano un attimo dalla mia amica e incrocio il signor Pasquale. Faceva il noleggiatore. È stato colpito da un ictus e adesso guida una carrozzella elettrica. Ho un momento di grande pena quando prova a parlarmi, la pena che sempre mi prende quando penso a questi incidenti che avvengono nel più pericoloso dei circuiti, il circuito del sangue.

Mi ricongiungo alla mia amica che davanti alla chiesa del paese sta parlando con una persona giovane. Si chiama Stefania e insegna lettere alla scuola media. Entro nella chiesa. Qui ci sono altre donne anziane. Pregano da sole, le ho sentite tante volte. Il prete non l'ho mai visto. Ce n'è una più avanti che comincia la litania e poi le altre le vanno dietro con quelle vocine scure, quelle vocine addolorate che mi fanno pensare alle processioni del venerdì santo dietro il Cristo morto.

Tutta la nostra visita finora si è svolta lungo un filo di mestizia, ma adesso ci aspetta un dolore profondo come un fiordo. Intravediamo dietro una tendina due donne che giocano a carte, fanno la scopa su un pezzo di compensato tenuto sulle gambe. Una non tanto anziana si chiama Giovanna. L'altra ha novantatre anni e si chiama Filomena. Ha cinque figli: una fa la suora in Kenya, poi Australia, Torino, Napoli. Quello che manca è al cimitero. La signora si mette a piangere quando pensa ai nipoti orfani perché poco dopo è mancata anche la nuora. Il dolore purissimo di questa donna rende un po' più vacuo l'incontro successivo. Parliamo con una delle tre sorelle che abitano una casa ben tenuta. Le immagino benestanti e invece, come spesso accade in questi paesi, sono proprio quelli che non ne hanno motivo a lamentarsi più degli altri. Ecco la litania sull'euro che impedisce di andare avanti. Per una volta faccio uno strappo alla mia regola di limitarmi ad ascoltare e contesto il ragionamento della signora, le dico che c'è di mezzo la tirchieria e il fatto che chi pensa a conservare i soldi poi sente di non averne mai a sufficienza. In questo paese non mi pare che ci siano persone che possano essere definite povere, la povertà è più che altro una posa che si assume davanti a estranei. Nei miei giri non ho mai sentito nessuno che si è definito ricco e anche chi scoppia di salute quando gli chiedi come si sente ti risponde *non c'è male*.

Il colloquio sull'euro segna l'epilogo del giro tra i vicoli. Adesso siamo di nuovo nella piazza del paese, che da un lato ha un castello sempre chiuso e abitato solo da una tartaruga, e dall'altro ha un bar sempre aperto e sempre presidiato da un piccolo drappello di uomini.

Gli uomini davanti al bar sono il consiglio d'amministrazione della noia. Sono più rumorosi delle donne, hanno bisogno di un gioco, hanno bisogno di gareggiare. Le donne passano il tempo più facilmente, verrebbe da pensare, e forse per questo vivono più a lungo, non hanno questa foga di primeggiare; le donne pensano all'altro, può essere il figlio che è andato via o il marito al cimitero, sempre hanno questo baricentro emotivo spostato fuori di loro. Le donne di Zungoli mi sembrano appartenere a popolazioni d'altri tempi custodite in questo paese come farfalle in una teca. Alcune stanno rigide, in contrazione e sospetto, ma la gran parte sono tranquille, attente, pronte a raccontare la loro storia perché non sanno nulla delle reticenze e delle moine delle più giovani. Dorme in ciascuna di loro un senso di vita vissuta seguendo poche, semplici regole. Hanno lavorato tanto, hanno il cuore in ordine, e mi riferisco all'efficienza del muscolo garantita da lunghi anni di marcia verso la campagna e un'alimentazione forzatamente leggera. Noi oggi abbiamo fatto solo cento passi e ci sentiamo stanchi.

La mia amica appena saliamo in macchina accende la radio. Vuole uscire da questo luogo di clausura prima ancora di partire.

IL PAESE CHE HA SOLO LA LINGUA

Questo andare a strappi
da una morte all'altra
da un paese all'altro.
Oggi il dolore è Grottaminarda
e poi con un filo di fiato a Greci
nell'altezza del grano.

Quando vado a Greci più che per vedere un paese vado per sentire una lingua. E ogni volta sento un italiano gessoso, un parlare che somiglia a una scrittura alla lavagna. Dietro ogni sillaba c'è un'impercettibile fatica. Ogni frase è accuratamente sistemata sullo slittino del respiro e scivola gradevolmente nelle tue orecchie. Io sono un forestiero e non è a me che ci si rivolge con l'antica lingua albanese. Devo accontentarmi della diversità che si sente nell'italiano, una diversità che racconta di un popolo venuto da altre montagne non molto diverse da queste. Le acque adriatiche dividono ciò che diviso non è. Qui siamo all'inizio dell'Europa orientale. Greci è più vicino a un paese rumeno di quanto sia vicino a un paese napoletano.

Oggi non viaggio da solo. Oggi sembro uno importante, ho un aspirante paesologo che mi fa d'autista. Andare in un paese con una compagnia non è una buona cosa. Più il paese è sconfortato e sconfortante e più è necessario andarci da soli. Non devi avere nessuna spalla a cui poggiare la tua fronte. Devi sentirti come un cane in mezzo alla strada.

Arriviamo a Greci e noto il solito trattore davanti a una casina bassa all'inizio del paese. Non c'è da passare alcun casello, non c'è il problema di trovare il parcheggio. Oggi c'è solo il problema che piove e siamo senza ombrello. Siamo dentro un bar con i dannati del tempo perso e quelli che si dannano per il tempo perso. Non è più come una volta quando nel mondo contadino il tempo vuoto era un tempo vissuto pacatamente. Si sapeva che presto sarebbe finito per tornare alle fatiche dei campi. Adesso chi ha strappato una pensione a cinquant'anni ha davanti a sé uno sterminato tappeto di giornate vuote e su questo tappeto cade ogni giorno un pesante strato di polvere.

Al bar ci dicono che oggi il Comune è aperto. Greci è un paese molto ospitale, ma non è che possiamo infilarci nella prima casa che capita. Al Comune ci puoi sempre andare. E poi il mio amico conosce il vicesindaco e io conosco il sindaco.

Troviamo l'amico del mio amico. Aria da bravo ragazzo, fa il vicesindaco ma ci tiene a dire che non prende una lira. Essendo disoccupato, evidentemente lo mantengono i genitori. Mi dice che anche il sindaco non prende lo stipendio. Il Comune ha pochi soldi e loro hanno deciso di risparmiare a proprie spese.

Chiedo all'impiegato dell'anagrafe qualche notizia sul numero degli abitanti. Non è un impiegato accidioso, è uno che la sa lunga. Mi consegna un elaborato grafico che parte dal Millecinquecento. L'impiegato sa tutto del paese. Gli faccio un po' di domande, ma l'agitazione non mi abbandona. In sostanza Greci è un paese di stranieri a cui sono capitate le stesse vicende dei popoli indigeni. Qui niente imprese agricole o

artigiane, niente capannoni industriali. Chi non se n'è andato è perché ha trovato un impiego al Comune o alla foresta-
le. Sembra incredibile che con tanta terra non ci siano coo-
perative agricole, non ci sia un negozio dove comprare qualcosa che sia fatto sul posto. Solo da poco tempo è nato un ca-
seificio, si trova a valle lungo la strada che collega questa Irpinia nascosta con la Puglia e il Sannio.

A Greci non c'è neppure il ceto medio. Ci sono le pensioni e i mestieri legati alla ricostruzione post-terremoto che qui
è ancora in pieno svolgimento.

Stiamo per lasciare il Comune ed ecco che arriva il sindaco. È una bella ragazza con alcune lievissime imperfezio-
ni sul volto che la rendono, almeno ai miei occhi, bellissima.
Scambiamo alcune parole. La sua presenza ha messo un filo di piacere sulla mia agitazione. Si congeda velocemente
dopo avermi consegnato un libro sul paese. I sindaci vanno
sempre di fretta.

Fuori piove ancora. A questo punto c'è solo un altro bar
da visitare. Il taccuino degli appunti è quasi vuoto. Questo
bar ha una parete adibita a edicola. Faccio una foto ad alcuni anziani seduti. Ho chiesto il permesso al barista, ma non ai
diretti interessati e giustamente uno si arrabbia. C'è sempre
chi ha paura di essere ritratto e chi non gliene frega niente.
Nel bar c'è anche il fascista di Greci. La prima volta che ven-
ni qui mi fermai a parlare a lungo con lui. Non mi ha ricono-
sciuto. Mi dicono che ha avuto problemi di salute. Non è mai
riuscito a fare una lista. La sua attività politica è del tutto fan-
tomatica. Si fa fotografare col braccio alzato. Qualcuno ride,
altri giocano a carte senza neppure farci caso.

VIAGGIO IN BARONIA

Oggi è come se volessi mettermi a dieta, rinunciare alla carne della vita. Scanso la baldoria, l'imbuto dei viadotti e dei caselli. Oggi è Baronia, oggi si comincia con Vallata. È il giorno del mercato. Le baracche degli ambulanti con la merce nei cartoni di banane è visione consueta. Mi segno un nome da un manifesto funebre: Vito Santo Toto. Altro manifesto: mi chiedo di cosa sarà morto Rosario Strazzella a 45 anni. Sto qui per salire a Trevico che è al piano di sopra, ma ecco che arriva la visione non prevista: al centro del paese, dov'era la scuola elementare, stanno costruendo una chiesa. Non siamo in terre da evangelizzare e di chiese ce ne sono già tante. Chiunque abbia fatto questa scelta avrebbe potuto fare sicuramente qualcos'altro.

Vado al Comune. Ho voglia, una volta tanto, di parlare con un sindaco. La stanza del primo cittadino è vuota, ma è piena di poltrone, poltrone anche in altre stanze e nella sala del consiglio. Sembra che di qui sia passato un buon rappresentante di mobili per ufficio e abbia piazzato a dovere la sua merce. Non credo siano tempi, avrei detto al sindaco, per amministrare da seduti. La terra trema, bisogna stare in piedi.

Salgo a Trevico. Quando si parla di questo paese si dice sempre che è il più alto della Campania e che vi è nato Ettore Scola. Io vengo qui quando la dieta di cui parlavo all'inizio diventa anoressia, quando voglio l'aria e nient'altro.

A terra c'è un filo di neve. Incontro uno che ha la faccia da emigrante di ritorno. Mi parla di quell'anno in cui fece cinque metri di neve, l'anno in cui portarono i viveri con l'elicottero. È un racconto che ho sentito tante volte al mio paese. Ho sentito all'infinito anche il lamento che sono rimasti solo gli anziani e che qualcuno torna solo ad agosto. Lo dice anche la signora del negozietto di alimentari.

Esco e il paese non ha più il sole. Non è nebbia, è una nuvola che si è impigliata sulla montagna e ha sparso il suo carico di grigio. Ora è ancora più difficile girare a piedi. Ora posso solo andare dietro a qualche cane. Ne incontro uno che sembra riconoscermi. L'ultima volta gli ho dato un po' del mio panino. Adesso non ho nulla da dargli.

Ho preso la discesa, sono uscito dalla nuvola e mi trovo a Vallesaccarda. Cinque uomini in piedi davanti al bar. Ascolto quel che dicono e loro tranquillamente si lasciano ascoltare. Quando dico come mi chiamo e da dove vengo sembrano ancora più tranquilli. Parlano di uno che tiene il bar in una frazione e si è fatto i soldi a vendere birre e sigarette. Qui fumano come i turchi. Guardo le cicche per terra, non ne avevo mai viste così tante in poco spazio. Evidentemente nessuno si cura di rimuoverle, ma questo adesso per me non è un problema. Vado al Comune. Non per il sindaco. Ci vado semplicemente perché è un posto dove puoi entrare liberamente. Un altro posto è il bar e un altro ancora è il cimitero.

Al Comune leggo una pubblicazione di matrimonio. La ragazza è albanese, si chiama Mirela e lui Francesco. Di stranieri non è che ce ne sono molti, mi dice l'impiegato dell'anagrafe, ed è una perfetta introduzione per dire che a Valle-saccarda non c'è niente. Non ci sono mucche, non ci sono maiali. Se vuoi un uovo fresco non lo trovi. Ecco la notizia: un paese in mezzo alla campagna senza contadini. Il problema è proprio questa parola, s'infervora l'impiegato. Bisogna trovarne una inglese, una che ha un altro suono. Qui nessuno vuole più sentirsi chiamare contadino.

Dopo Vallesaccarda è quasi naturale andare a Scampitella. Il paese lo trovi ai lati della strada che va verso la Puglia e quando ti fermi trovi un bar che si chiama *Lira* e un altro che si chiama *Lato*. Non ci avevo mai fatto caso. Sono le iniziali dei proprietari, Lavanga e Toto. Mi pare strano che l'apertura di questo locale abbia richiesto un'associazione di forze in un luogo in cui associarsi non è mai cosa facile. Anche qui ascolto uomini in piedi che conversano. Sono in tre. Non mi chiedono come mi chiamo e da dove vengo. La conversazione verte sulla crisi dell'agricoltura. Un quintale di concime costa più di un quintale di grano, mi dice uno che fa il fabbro all'estero ed ora è qui per il suo annuale mesetto di riposo. Vado vicino all'altro bar. Fuori non c'è nessuno, devo entrare se voglio ascoltare qualche voce. Ascolto lamenti piuttosto rassegnati, ma a un certo punto arriva una notizia curiosa. Secondo l'avvocato che regge la conversazione a Scampitella ci sono trentaquattro laureati in legge e sei avvocati che esercitano in loco. Provo a fare i conti: un avvocato ogni duecento abitanti. Dopo la chiesa di Vallata, ecco un'altra piccola scossa alla mattinata.

Guardo l'orologio, esco fuori, faccio qualche fotografia alle case più brutte e ho solo l'imbarazzo della scelta. Di bello qui c'erano le ragazze, quando il seme della gioventù ancora non era stato disperso ai quattro venti.

Oltre i paraggi

Finalmente sono arrivato
al paese di Scotellaro.
In cielo c'è un falco.
Gli alberi sono tranquilli e lontani.
Il mezzogiorno di novembre ha il buio
che sale già sui fianchi. La luce che resta
è bevuta dalle vacche nei campi,
dalle argille dei calanchi.

0 10 20 30 40 50 km

Verbania•

•Biella

Novara•

Vercelli•

•Torino

Pomaretto
Massello• •• Perosa Argentina
Prali•   •Villar Perosa
Perrero
•Pinerolo

Alessandria•

Asti•

•Cuneo

VAL GERMANASCA

*Solo tra i monti è facile essere giovani
ed è possibile credere di essere vivo.*
Giorgio Manganelli

Andate e attraversate i villaggi.
Peter Handke

La Val Germanasca è a un'ora di macchina da Torino. Si va
verso Pinerolo e poi si prosegue in direzione di Villar Perosa, il paese di Agnelli e della Juve quando si prepara al cam-
pionato, ma soprattutto il paese di tanti invisibili operai che
continuano a costruire cuscinetti a sfera (attività rappresen-
tata nel Museo della meccanica e del cuscinetto annesso agli
stabilimenti della RIV-SKF).

La nostra valle, che nel passato era chiamata Valle Nigra
per i suoi boschi fittissimi e l'accidentata orografia, comincia
a Perosa Argentina, paese adagiato intorno a una strada alla
confluenza del torrente Germanasca nel torrente Chisone.
Proseguendo dritto si percorre tutta la Val Chisone salendo
fino al Sestriere. Imboccando una stradina a sinistra si trova
subito Pomaretto e poi un altro paese che si chiama Perrero.
Anche questo nome, come quello di Perosa, forse viene dal-

la pietra, perché la montagna è pietra e legno, pietra e acqua. Proseguendo si raggiunge Prali, piccolo capoluogo, a quasi 1500 metri di quota. Qui, quando c'è la neve, si scia: ci sono piste molte tecniche e anche un bell'anello per il fondo. D'estate si possono fare lunghe camminate e si può cercare la Francia a piedi.

Adesso non c'è nessun rumore. Si sale scrutando il grigio del calcare, cespugli neri cresciuti nelle fenditure della roccia, piccole borgate pressoché disabitate. Le case nuove non sono molto diverse dalle vecchie. Non ci sono vetrine, ma cataste di legna ordinatissime.

La Val Germanasca oltre al verde, all'aria e al cielo, ha due attrazioni. Una si può consumare in un paio d'ore ed è la visita all'ecomuseo *Scopriminiera*, un interessantissimo museo ricavato all'interno delle miniere di talco più grandi d'Europa. L'altra è legata alla presenza dei valdesi (l'unica minoranza religiosa in Italia che occupa i propri territori). E ci vorrà più di qualche ora per capire cosa sia questo movimento ereticale nato alla fine del XII secolo. Il luogo di origine è Lione. Qui un mercante di nome Valdo attraversa una forte crisi religiosa e si disfa dei suoi beni e si mette a predicare il Vangelo. I preti reagiscono, perché il nuovo arrivato gli ruba il mestiere e lo dichiarano fuori dell'ortodossia. Ciò dà più forza alle idee di Valdo che si diffondono in tutta l'Europa. L'ex mercante predica l'obbedienza letterale al sermone sul monte di Gesù contenuto nei capp. 5-7 dell'evangelo di Matteo (i discorsi importanti della storia sono sempre ambientati in montagna e ogni popolo ha la sua altura oggetto di culto, dall'Olimpo greco al Kailash tibetano, oppure il Sinai da cui scende Mosè con le tavole dei comandamenti, l'Ararat dove s'incaglia l'Arca, il McKinley che per gli indiani Athabaska accoglieva il grande spirito; negli antichi Veda sanscriti, il Pik Meru himalayano è *una trave di legno che funge da puntello perché il cielo non cada sulla terra*).

La Val Germanasca è un piccolo luogo che ci può dare grandi insegnamenti, ma occorre attenzione, occorre la pazienza di percorrere palmo a palmo una valle che non fa molto per rendersi allettante al vacuo andare dei turisti mordi e fuggi. È una zona priva di vaneggiamenti. Le case non hanno niente di frivolo, le persone hanno facce schiette e proteggono le loro tradizioni in un mondo che tende a mischiare tutto e tutti e dove niente porta più a niente.

Adesso non c'è la natura selvaggia di un tempo, ma conserva una sua ferinità. Insomma, non è una terra per spiriti molli.

Io sono stato in Val Germanasca verso la fine di gennaio. Non c'era neve e un posto del genere d'inverno quando non c'è la neve è come se fosse colpevole di qualcosa. Nel taccuino che portavo con me, non ho preso altri appunti, ho solo scritto un po' di versi: *nel luogo più noto della valle / passeggio misurando con gli occhi / la distanza tra il sole e la cima dei monti. / È inverno e manca la neve, unico fiore dell'inverno: / la campagna quando è bassa è sporca, / devi sempre salire / per uscire dal groviglio / del mondo. / A Prali un gruppo di piccoli sciatori / si contende un quadratino bianco di neve / troppo a lungo calpestata / per colpa della neve non caduta.*

Nell'altra stagione i prati sono il salotto dei fiori e il bosco è la sala da pranzo degli uccelli. Nel pieno dell'inverno ho visto un grigiore implacabile a cui il sole che splendeva nel cielo non riusciva a porre rimedio.

La valle ha pochi abitanti e io ne ho visti pochissimi. Quelli che ci sono si svegliano presto e vanno a lavorare oppure languono negli ospizi privati delle loro case. Bel clima dunque per un aspirante paesologo che presume di aver fondato la sua disciplina nei più dissanguati e dissestati paesi irpini. Mi si chiede, presumo, un esercizio di paesologia, ma devo subito dichiarare una sorta di incompetenza. I paesi della Val Germanasca, specialmente quelli che stanno un po' in alto, non so se possano rispondere alla mia nozione di paese. Un paese che ha sessanta abitanti, come, per altri motivi, uno che ne ha diecimila, non rientrano nella mia disciplina. Mi dichiaro incompetente rispetto al metabolismo di un luogo formato da cinque famiglie.

Andando in Piemonte ho capito definitivamente un'altra cosa: abito a novecento metri d'altitudine, ma non direi che abito in montagna. Sono nato su un'altura che non ha montagne intorno, un'altura che ha un lato esposto direttamente ai venti siberiani. Non conosco le valli e non conosco la montagna. I novecento metri del mio paese sono senza riparo, un paese perennemente sospeso nel suo surf metafisico in cui beviamo aria di morte a ogni respiro. Vento e luce, la muraglia dell'inverno e poi brevi spiragli di tepore. Le alture ventilate dell'Irpinia d'Oriente non hanno molto a che fare con le montagne. Infinite sfumature della geografia. Si può stare in alto senza stare in montagna e si può stare in basso stando in montagna. Perosa Argentina, il posto in cui ho pernottato, è assai più basso del mio paese, ma è indubitabilmente un posto alpino. Un tipico paese di montagna è Massello (io preferirei chiamarlo villaggio). In un inverno normale è difficile arrivarci e se ci arrivi non puoi cercare una pasticceria o una boutique. Un villaggio di montagna è un luogo di pochi uomini e poche donne, un luogo senza svaghi, senza scampo. Ma chi ha detto che da qualche parte ci debba essere svago e scampo?

Certe volte la strada finisce e bisogna tornare indietro. Accade anche in Val Germanasca. Si sale, si sale, ma poi manca il valico che ti porta dall'altra parte, sul versante francese, e devi tornare giù, devi tornare da dove sei partito.

La prima sera nella valle sono entrato in una tabaccheria di Perosa Argentina per cercare, senza molte speranze, qualche bastoncino d'incenso. E invece l'ho trovato. Lì dentro c'erano anche slot machines, buste per spedizioni, libri, giocattoli e poi ombrelli, arbre magique, guanti da cucina, spazzole a senso unico. Non sapevo che esistessero le spazzole a senso unico. Quando vado in un piccolo paese sono chiamato a un supplemento di attenzione e mi viene uno sguardo da entomologo e allora anche una stradina, un muro, diventano sfaccettati come l'occhio di una mosca.

Aspetto che si facciano le sette per andare a cenare. Sfilano sulla strada verso il Sestriere le macchine dei vacanzieri del fine settimana. Non sono tante, ma è proprio quando non sono molte che le macchine sembrano più grandi, più rumorose. Al ristorante più del cibo apprezzo la bottiglia di acqua minerale con le gocce incastonate al collo come un collier e i grissini da un metro. Ne avrò mangiati sei metri. Mi piace che non sono perfettamente cilindrici, sembrano lunghe candele di pane. In un altro ristorante dove ho mangiato molte volte i dorsi delle sedie erano diversi uno dall'altro, un po' come accade nelle lapidi dei cimiteri. Lassù ho visitato il cimitero di Villar Perosa; non era nel territorio assegnatomi, ma c'è la tomba degli Agnelli e sono andato a vedere.

La cappella con i morti famosi è chiusa, davanti alla porta c'è un pezzo di plastica che impedisce di introdurre gli occhi all'interno. L'austera villa di famiglia attigua al cimitero non dà segnali di vita. Sto qui di domenica pomeriggio e arriva un sacco di gente (al mio paese la domenica pomeriggio il cimitero è chiuso e non ci avevo mai fatto caso). Guardo un'anziana donna nel sole che cammina tra le tombe. Quando si china a posare un fiore mi viene voglia di benedire lei e tutta la vita. Parlo con un uomo che ha lavorato quarant'anni in una fabbrica. È vedovo e non ci sente molto bene, ma si sente benissimo che aveva una grande passione politica ed è molto deluso dai dirigenti di adesso. Io in questi casi sono misericordioso, ascolto, faccio domande lievi, metto a mio agio l'interlocutore e se vedo che è stanco o insofferente subito gli risparmio altre fatiche.

Andando in giro per paesi mi capita di parlare soprattutto con anziani. Nella valle non ne ho incontrati molti. Forse in estate è più facile. È che lì non ci sono piazze, perché la piazza d'una volta era la stalla, il luogo più caldo. E non ci sono panchine, forse perché la gente non ha l'attitudine mediterranea ad oziare *en plein air*. Quando si esce è sempre per fare qualcosa. Qui non s'improvvisa nulla. L'ozio, se c'è, è clandestino. *Tetra pazienza di restare qui / a morire in casa o lavorando: / non ci sono panchine, / il Nord calvinista quando sta fuori è in piedi.*

Magari è clandestino anche l'alcolismo. Al cimitero chiedevo all'operaio il perché di tanti morti giovani. Lui mi ha parlato di incidenti di macchine. Io avevo pensato alle fabbriche.

Sul taccuino ho annotato: *nel cimitero alpino / c'è una luce secca / che arriva fin dentro le tombe.* Dopo che uno è morto ne parliamo bene, di fatto ci adoperiamo per togliercelo bruscamente e per sempre dalla vista. Al morto ogni giorno si può dire che accada qualcosa, ma noi di tutto quel disfarsi non vogliamo vedere nulla. Non so se sto proponendo una pornografia dell'orrore. È singolare una società che ci propone di farci vedere tutto e continua ad occultare un'esperienza così ineludibile come quella del nostro disfacimento. Forse le tombe dei cimiteri dovrebbero essere trasparenti. Dopo un funerale la nostra vita prosegue e in un certo senso anche quella dei defunti: se li vediamo dopo un anno non li troveremo mai come li abbiamo lasciati. Questa trasparenza sull'unico aldilà che conosciamo potrebbe far nascere una fratellanza prolungata.

Io nella valle le conversazioni più lunghe le ho avute con due pastori valdesi vigorosamente loquaci. Un tedesco e un polacco che stanno lì con le loro famiglie e con gli occhi ben aperti al mondo. Insomma, ben altro che due parroci di campagna. Del resto, dire valdesi significa dire Europa, un'Europa calvinista, tutt'ora lontana dalla Chiesona romana. In effetti Cristo non è nato a Roma e neppure a Frosinone. I valdesi credono al libro sacro e non alle mediazioni ecclesiastiche. Nell'attuale mercato dello spirito non sono accaniti a piazzare il loro prodotto come i testimoni di Geova o i seguaci di tante altre religioni.

Lassù le persone che ho incontrato non mi sono parse particolarmente depresse o sfiatate o fatuamente animose come quelle che si vedono prevalentemente nelle città. Non ho visto nemmeno quella tonalità lamentosa e recriminatoria tipica dei paesi meridionali, in cui la gente sembra vivere solo per sparlare di tutti e di tutto.

A tal proposito il mio taccuino annota questi versi: *parlano poco, ma è rara la scortesia. / Ogni saluto ti risana. / Quando si è in pochi / nessun cuore è acqua piovana.*

Pensate, sempre per rimanere in argomento, a cosa accade in un borgo di quindici anime quando muore una persona. Il vuoto è tangibile e irrimediabile. Spesso è una casa che si chiude. Se ne va una storia senza che se ne formi un'altra: al mio paese dall'inizio dell'anno sono morte quindici persone e ne è nata una.

Se c'è una donna tra i monti / di solito è molto anziana. / Quasi impossibile che ai bordi / della strada / passeggi una puttana. Le donne della Val Germanasca hanno spalle ottagonali come le armene di Mandel'štam. E facce ampie, colorate non dalle lampade e dalle creme, ma dalla clorofilla e dalla fatica. Non ho visto pance in giro, né profili anemici. La montagna è una palestra naturale.

Nel museo degli antichi mestieri a Pomaretto un uomo e una donna privi della petulanza o della sciatteria di certe guide, mi parlavano delle fatiche dei contadini di una volta. Il taccuino porta molti versi. *A ciascuno il suo carico, / anche la luna gravava / sull'asino.* Le fatiche di un'agricoltura disperata, economia della sussistenza. Qui si è vissuto per secoli con pastorizia e agricoltura. Segale, patate e fieno erano i prodotti principali ricavati dal lavoro della terra. Qualcos'altro veniva ricavato dalla lavorazione del latte e dall'ingrasso dei vitelli. *All'inizio della valle / vecchie vigne verticali. / Per fare il vino / ci volevano le ali.* Allora era un nutrimento essenziale. Adesso è un prodotto di fama, si chiama Ramìe e appartiene a pieno titolo alla fabbrica delle etichette in cui si sta trasformando tutto, comprese le cose del passato. *Ovunque messa sotto vetro / la civiltà contadina. / Anche qui c'è qualcuno che spiega / al cittadino che sa fingersi stupido / di quanto enorme fosse la fatica / in quella civiltà di stagno / in cui solo pochissimi correvano / i rischi del guadagno.*

La valle ha perso i muli e forse anche i piedi, ma non si è lasciata asfaltare più di tanto. Nonostante le asperità ci sono più fuoristrada ad Avellino che qui. *La vita migrò / e continua a migrare verso il basso: / questa ora è la valle, / assiderata e spoglia, / non trafficata né dal vento / né dal chiasso.* Io quando vado fuori istituisco un continuo colloquio tra i miei luoghi e quelli che visito. Ed ecco il tema della migrazione: numerose famiglie partirono alla volta dell'America Meridionale, nell'Uruguay e nell'Argentina. Altre ondate di emigrazione si diressero verso gli Stati Uniti, in particolare nel North Carolina e, più vicino, verso la Francia. Li sento bene i posti da cui la gente se n'è andata, hanno una pena che parla alla pena che sta in me. *Da un villaggio all'altro è una cronaca di sparizioni, / restano le pietre sui tetti / resta il silenzio del gatto e le sue fusa. / Non sento altro, / il bosco di solito ha le labbra chiuse.*

La cosa che più mi ha colpito in questo viaggio è stato un gatto, un gatto che non aveva niente di speciale, faceva il gatto e stava su un muro alle cinque della sera e dietro questo muro c'erano le cime delle montagne. Un quadro messo lì da un dio improvvisato, il dio del caso, un quadro che mi ha allarmato più dell'*Urlo* di Munch.

Una volta guardando il gatto di casa mia mi resi conto che era solo al mondo. Qui ho provato il sentimento che siamo tutti soli. Sembra un pensiero facile, una cosa che puoi pensare o dire in qualunque momento (e forse sarà meglio dirla con le parole di Donald Winnicott: *ogni individuo è isolato, costantemente non comunicante, costantemente ignoto, di fatto non scoperto*), ma in realtà in quel momento quel pensiero è venuto e si è infilzato direttamente nella carne come una spina velenosissima.

Non so se si capisce quello che voglio dire. Qualcosa di simile mi accade con l'idea della morte. Uno ci può pensare mille volte al giorno al fatto che prima o poi dovrà morire, che non ha scampo, ma solo alcune volte e per pochissimo tempo, questo pensiero viene e s'infilza direttamente nella carne ed è un terrore glaciale, un panico che serpeggia nei neuroni con la stessa forza di un'esplosione nucleare.

Forse la montagna e il villaggio di poche anime sono cornici in cui più facilmente posso sentire il panico di cui sostanzialmente si compone la mia esistenza e forse anche la vostra. In città ci sono gli additivi delle distrazioni, i coloranti.

Qualche tempo fa in una piazza nel centro di Milano ho visto che c'era molta gente intorno a una macchina lussuosa. Mi sono dovuto avvicinare per capire che si trattava di un funerale. A pochi metri dalla bara, già si parlava d'altro, tutti smerciavano sorrisi e frasette tipiche dei commerci quotidiani. C'erano donne bellissime ed eleganti. Un paesaggio umano tipico dei luoghi famosi e perduti, assai diverso da quello dei luoghi anonimi e sperduti dei nostri paesi. Il paesologo ambulante non incontra *mannequines* e attrici.

In un paesino la morte di qualcuno è una notizia, il manifesto resta sui muri per lungo tempo, il decesso non deve temere la concorrenza di chi annuncia svendite a prezzi imbattibili. La montagna, quando non entra nell'industria turistica, è un luogo povero di segni artificiali. Ci sono le tristezze che ci sono, il paesaggio non è trasformato in una bacheca come avviene nelle città, una bacheca in cui tutto ti sta sotto gli occhi per distrarti da quel che c'è accanto, un impasto di cose da vedere, una promiscuità ossessiva che non lascia spazio per le cose singole.

Di una settimana a Roma e di centinaia di passaggi sulle scale mobili della metro non mi resta una sola faccia. A Prali ricordo benissimo *una donna che trascinava al tramonto / il sacro rottame / delle sue ginocchia.*

Se la poesia è la scienza del dettaglio, direi che la poesia oggi attecchisce meglio dove il mondo è più spoglio. Spesso gli abitanti più giovani vanno via da certi posti dicendo che lì non c'è niente. Grave errore, indotto dal delirio della fornicazione con gli altri esseri e con le merci.

Aghi di pino / sparsi per capriccio / dal gallo nel giardino. C'è la grafica proposta dai cartelloni pubblicitari e c'è la grafica delle zampette di un animale. Forse nessuna cosa è meglio di un'altra, però ci sono cose che ingombrano lo sguardo più di altre. Forse a Cortina non avrei avuto modo e tempo per vedere la scena del gallo. Io non mi invaghisco del gallo, non risolve niente, esattamente come gli occhiali da sole dentro le vetrine. Non propongo una mistica del minore e dell'anonimo. Stendo semplicemente le mie righe, vado avanti, cerco parole nuove e trovo solo parole che servono a ingrassare il mio disagio.

Mi consolo pensando che la paesologia ha una sua ragion d'essere, magari per dire quelle inezie che i giornali o la televisione non sanno più dire. Loro devono raccontare gli eventi e nel paese l'evento più importante è proprio questo non esserci dell'evento. Il paese è luogo per scrittori e non per cronisti, il mondo intero, forse, è luogo per scrittori e non per cronisti. Ammesso che questi ne abbiano voglia, chi gli dà il tempo di raccogliere questo tsunami della desolazione che ha preso i paesi spopolati? La desolazione non fa notizia, occorre un terremoto, un omicidio per salire alla ribalta della cronaca e invece nei posti considerati minori sta accadendo qualcosa d'importante, qualcosa di vago e profondo che si può incrociare solo dotandosi di strumenti conoscitivi molto sofisticati.

Nel passato la letteratura ha descritto la miseria materiale di certi luoghi, penso a Levi e al suo *Cristo si è fermato a Eboli.*

Negli anni Sessanta e Settanta fu raccontata l'alienazione cittadina che poi era il malessere di quelli che dalla campagna erano andati a lavorare in fabbrica, adesso bisogna raccontare questa sorta di alienazione paesana che riguarda qualcosa come cinquemila paesi e almeno sette milioni di persone che vivono nei luoghi più affranti. Posti dove non si spendono soldi per parcheggiare la macchina, l'aria e il cibo sono più sani, ma la vita non è più lunga che in città e il motivo è che spesso la gente si lascia andare. In paese molte esistenze cominciano il loro crepuscolo a quarant'anni e se inciampi, se ti fermi, nessuno si mette a lubrificare la tua vita, anzi il tuo arenarti è quasi un conforto per gli altri, nessuno si duole del dolore altrui, almeno fino a quando non gli procura problemi. Sicuramente è così nei paesi che conosco, forse anche in questa valle le cose stanno così, forse c'è una circolazione di cattiverie che viene dal conoscersi e frequentarsi da anni. Di certo non si hanno le stesse intenzioni pur condividendo spazi piccolissimi. Ecco che lo stesso avvenimento, le olimpiadi, a Prali viene presentato in modo radicalmente diverso da due persone che vivono a pochi metri di distanza. La barista le aspetta per ravvivare la sua economia familiare. Lei è venuta quassù da Torino e può sopportare che non ci sia una farmacia, ma non che la cassa resti vuota. Il pastore valdese, invece, le teme fortemente, pensa che siano l'occasione per sprecare soldi e per allontanare la valle da se stessa, dalla sua storia, quella storia da cui viene il suo lavoro, la sua retribuzione. In questo senso l'elemento economico rimette insieme la differenza iniziale. Mi si dirà che anche in una città ci sono differenze e dettagli e che sono anche più amplificate. In dieci metri quadrati a Piazza di Spagna puoi vedere un coreano che fa fotografie, un militare siciliano che telefona alla madre, una domestica polacca in libera uscita e un petroliere texano. In città puoi trovare di tutto, ma noi non è di tutto che abbiamo bisogno, ci servono cose vere, cose precise.

Per un perverso ribaltamento la gente abita luoghi (le metropoli) che dovrebbero essere solo usati per fare commissioni e vacanze e va in vacanza in luoghi che invece dovrebbero essere usati per abitare tutti i giorni.

I più avveduti sono coloro che stanno vicino alla natura: chi abita in montagna pare che abbia nello sguardo un senso di gratitudine verso il mondo, non ha le arroganze cittadine. Chi coltiva la terra esprime già un amore, e può ancora credere in un mondo sano e salvo. Per l'esperienza che ho dei miei paesi l'ipocrisia è assai meno frequente rispetto al capoluogo. E poi nei paesi è più chiaro il corso delle cose, se ne coglie l'inizio, lo svolgimento e la fine.

Andare in Val Germanasca non risolve niente come lo stazionare in Piazza di Spagna e forse entrambi i luoghi rilasciano una moderata dose di emozione perché tutto è un po' sfinito, logorato dallo stare in un pianeta troppo affollato e in cui tutti siamo zavorrati da mille pesi sulle spalle. Quello che sto cercando di dire è che non esiste un vero centro e che il papa che si affaccia alla finestra a San Pietro non ha più cose da dire di un uccello che compare su un ramo.

Di questo non sono convinti i politicanti italiani che hanno approntato una leggina in difesa dell'Italia che loro considerano minore e che sono riusciti ad approvarla solo in un ramo del Parlamento. Un ramo in cui si cinguetta di voler aiutare i piccoli paesi e in realtà si vuole solo che quei posti si trasformino in zerbini per la discesa o la salita degli accaldati e affaticati cittadini, veri e propri ambasciatori della polvere, gente che spesso considera la montagna come un semplice parco giochi della pianura.

Pensate alla Germania, che di montagne ne ha assai poche, pensate a quanto sono vive, tanto che il tedesco indossa volentieri il costume del montanaro. Noi abbiamo precipitosamente voltato le spalle alle montagne, perché siamo partiti da un errore di fondo: bisognava cercare il piano, spianare la vita, toglierne le grinze, le rughe, progredire, buttarsi alle spalle i segni di un'antica miseria.

Qui va detto che il montanaro Agnelli, lungamente sindaco di Villar Perosa, ha contribuito non poco a questa fuga dalla montagna italiana cominciata all'inizio degli anni Sessanta e che nelle valli piemontesi è stata particolarmente accentuata.

D'altra parte si assiste nelle piccole comunità a un fiorire di discorsi e di progetti per il recupero di questo e di quello. Ho l'impressione che questi discorsi siano un po' vanificati dalla mancanza di forti energie con cui portare avanti i progetti che si fanno. Quando si scende sotto a determinate soglie demografiche, è come se venissero a mancare le piastrine nel sangue. Ormai anche nei paesi i morti sono dimenticati assai presto e c'è tanta gente sola. Niente più riesce a coagularsi intorno a queste piccole comunità sempre più fantomatiche.

In realtà la paesologia si occupa di un oggetto assente o in via di sparizione, il paese appunto. Ma siccome nulla si crea e nulla si distrugge, ecco che il paese compare dove meno te lo aspetti: a Montecitorio, per esempio. Lì ci sono i montanari chiusi e gretti e non in Val Germanasca. E cosa si fa di tanto diverso sulla scalinata a Piazza di Spagna se non guardare chi passa come si faceva sulle panchine di paese durante lo struscio estivo? Insomma, bisogna cambiare le categorie tradizionali con cui pensiamo ai luoghi. Prendiamo un concetto chiave, quello di mutamento. Normalmente si tende a pensare che i paesi siano luoghi di stagnazione e la città siano luoghi di mutamento. Nelle città cambiano tante cose, eppure a me la scena pare sempre la stessa. Nei paesi cambiano poche cose, però ogni cambiamento è notevole. Comunque nell'andare per luoghi è anche una questione di fortuna. Non sempre capiti in un posto al momento giusto e non sempre i tuoi desideri sono accordati con lo strumento che dovrebbe soddisfarli.

Qualche giorno fa dicevo a un mio amico che noi ci aspettiamo adesso quello che poteva avvenire solo vent'anni fa e ci aspettavamo vent'anni fa quello che potrebbe avvenire solo adesso. Sono considerazioni che si possono fare ovunque, ma ho la sensazione che vivendo in piccoli luoghi viene un qualche tipo di saggezza, a patto che se ne voglia fare uso. Ovviamente a volte è una saggezza un po' macchinosa, che magari lavora contro un'esistenza fluida, armoniosa.

Per esempio, quel signore che mi accompagnava a vedere la miniera di talco e che ci ha lavorato per molti anni sapeva benissimo che lì dentro era facile rovinarsi i polmoni, ma saggiamente non aveva apprensioni anticipatorie. «Per ora sto bene», mi diceva con una faccia che confermava in pieno il suo assunto. Tutto dipende dall'angolo in cui mettiamo le cose. Noi siamo la vita che siamo, ma siamo anche i morti che saremo e su queste due gambe dobbiamo camminare anche se ci portano in strade diverse. In ogni modo l'idea di far turismo con una miniera dismessa può essere utile se non diventa un semplice voyeurismo dei sacrifici altrui.

Quella che è ancora in funzione, ora ha una cinquantina di dipendenti e produce 45.000 tonnellate l'anno di un talco (il bianco delle Alpi) che è considerato il migliore d'Europa. È utilizzato per un numero sterminato di prodotti, dalla plastica alle vernici, dall'industria farmaceutica a quella cosmetica e alimentare (pare strano, ma il talco si usa perfino nelle gomme da masticare).

La storia di queste miniere è quella solita di grandi profitti per i proprietari ed enormi sacrifici per i minatori. Ci si ammazzava di fatica e di silicosi. Ora quei sacrifici nella miniera ancora aperta nella valle li fanno i polacchi, gli italiani si lamentano e s'intristiscono e si sentono poveri, ma in verità fanno sempre meno i lavori pesanti e guadagnano comunque molto di più rispetto ai lavoratori delle nazioni più sfortunate.

A me veniva in mente questo visitando la *Paola* e la *Gianna*, così si chiamavano le miniere. I nomi sono quelli delle figlie dei padroni e con questo nome si ottenevano due obiettivi, si onoravano le figlie e si rendevano meno tetri i cunicoli.

La montagna tiene la vita lontana da ogni frivolezza, per questo i nomi di *Paola* e *Gianna* paiono particolarmente fuori luogo. L'abitante della montagna ha la luce del giorno, ma poi la sera non ci sono tanti fari per illuminare il buio. *Quando viene il buio questa montagna alpina / è simile a una ghigliottina.*

Raramente gli abitanti dei posti più oscuri hanno aperto grandi ferite nel corso della storia, piuttosto le hanno subite. La miniera e la vita che ci fai dentro non ti darà mai il polso dell'impiegato comunale. Lavorare in miniera è come zappare sottoterra. Quello che si cerca è sempre il frutto, ma lo si cerca per darlo agli altri. Ancora il taccuino: *qui platani secchi, ruvide felci, abeti, / sere invernali deserte, / operai di montagna / che sanno digerire a braccia aperte / il pane del mattino.* C'è stato un altro tempo in cui si sapeva cosa attendere e per cosa lottare, non era ancora l'epoca dell'equivoco di massa in cui siamo calati.

Adesso viviamo d'indigestioni. Io riesco a sfornare un po'
di pagine solo partendo da un disturbo, da un tentativo di re-
staurare un danno che io stesso continuamente mi procuro.
Andando in giro per questi posti ho pensato che noi non siamo più attrezzati per la solitudine, per le giornate vuote, per
il tempo che passa lontano dalla baldoria dei telefonatori e
degli appuntamenti. In fondo noi abbiamo un appuntamento che conta ogni giorno, ne abbiamo uno solo e quasi mai ci
facciamo caso. Questo appuntamento è il risveglio.

Non sto facendo l'elogio della sopravvivenza. So bene che
per noi la sopravvivenza è tutto, ma non basta. Ed è per col-
mare questa voragine che si apre ogni attimo sotto i nostri
piedi che facciamo tutti i casini che facciamo e che diventiamo quel che diventiamo.

Uno dei primi abbozzi dei versi piemontesi è questo: *c'è
solo una strada che sale / e un torrente che scende. / Qui non
trovo donne dalle facce scarne / né vedove nere con lo scialle.
/ Solitario testimone a queste nozze d'aria e gelo, / come ape-
ritivo salgo a vedere il cielo / prima di scendere a pranzare a
valle.*

Questa in fondo è la cronaca dei miei cinque giorni in
montagna. Non amo prendere gli aperitivi al bar. Io che sono nato in una cantina sempre piena d'ubriachi non amo le
vinerie cittadine, i luoghi in cui si mette in mostra una socialità liofilizzata. Preferisco la socialità residua, ma vera, dei
paesi in cui restano poche persone e prevalentemente anziane. Da questo punto di vista le somiglianze della Val Germanasca con la mia Irpinia sono molto forti. La popolazione della valle è diminuita dal 1981 al 1991 del 6,1%. A Massello,
una sessantina di residenti sparsi in quattordici borgate, c'è
una densità di due persone per chilometro quadrato.

Il territorio è contraddistinto da un numero enorme di borgate, ma esse a volte sono composte solo di due o tre case, spesso anche chiuse. *Quanta fatica per alzare una casa / qui senza scavatore spianare la terra / e poi cominciare a posare le pietre / una per una con attenzione e maestria / e poi l'allarme di arrivare al soffitto / e sulle travi ancora pietre / e poi ancora legno per gli infissi. / Tanta fatica ora è chiusa alle intemperie. / Sono passato cinque volte in tre giorni / davanti a questa casa, non so di chi era / ma è bello pensare che dentro / ancora ci sia un tavolo / e una mela.*

Nel 1998 le abitazioni occupate risultavano essere il 35,9% (in diminuzione del 22% rispetto al 1981) nonostante che il numero totale delle abitazioni fosse cresciuto del 6,4%. Nel 1991 sulla popolazione residente gli anziani con più di 65 anni erano il 30%, oltre il doppio del dato provinciale.

In pratica su ogni cento giovani ci sono 254 anziani. La penuria demografica è accompagnata da una situazione economica meno brillante rispetto al resto della provincia. Il reddito è di 16,7 milioni delle vecchie lire, del quaranta per cento più basso rispetto a quello medio della provincia. Non a caso l'area è considerata depressa nell'obiettivo 2 dell'Unione Europea (periodo di programmazione 2000/2006). Una depressione assai relativa se si considera che nel mondo buona parte delle terre alte è oggi afflitta da miseria e povertà, da devastanti guerre e carestie. Le Alpi, a confronto con altre regioni montagnose (Afghanistan, Ruanda, Nepal), paiono un'isola di felicità.

A parte i numeri non ci vuole molto a capire che la valle ha un turismo assai limitato. Il ristorante nel centro di Perosa Argentina era in ferie e così pure un agriturismo nei pressi. Questa è una zona assai diversa dal Nord-est. Qui manca una piccola imprenditoria locale diffusa e non si vedono villette con super cancelli e nani di gesso nel giardino.

Quanto alle strutture ricettive non posso certo generalizzare in base alla mia esperienza. Mi è capitato di alloggiare in un bed & breakfast e di essere accolto da una fastidiosa puzza di gasolio. *Con tutto quel gasolio nella stanza / la prima sera il sonno ha preso fuoco / e mi sono svegliato e sono uscito. / Dentro le case hanno spento / le braci dei televisori. / Il termometro della banca segna / meno cinque, / il fiume della luna dilaga sugli alberi, / la notte copre il paese / ma non la cima perfetta delle montagne.*

L'indomani la proprietaria mi ha detto che del gasolio si era versato in cantina durante l'operazione di rimozione della caldaia. Sarebbe stata più onesta se mi avesse subito informato dell'incidente. Su mia indicazione ha messo un po' di sabbia nella cantina macchiata, ma ormai tutta la casa era impregnata di quell'odore che dava al mio alloggio un'atmosfera molto simile a quella che si respira davanti a una pompa di benzina. Per la verità anche la stanza non era il massimo. Le federe dei cuscini sapevano di altre teste e il televisore non solo non funzionava, aveva pure i bordi sfondati, come se la signora lo avesse prelevato direttamente da una discarica.

Ma questi sono dettagli e certamente non inficiano la sobria gentilezza dei piemontesi e la loro accoglienza puntuale. La Val Germanasca, zona di confine, intreccio profondo di storia e geografia, è un nord più colto di altri. Qui si parlano quattro lingue: francese, italiano, occitano e piemontese. Il francese fu a lungo la lingua ufficiale dei valdesi, poi fu via via abbandonato, specialmente nel periodo fascista che portò anche all'italianizzazione di molti cognomi. L'occitano (una variante della lingua d'oc parlata nella Francia meridionale che affonda le radici nella lingua trobadorica del XVI seco-

95

lo) permane ancora come lingua madre fra la popolazione valdese, mentre il piemontese è maggiormente radicato fra la popolazione cattolica. L'italiano si parla a scuola e nelle occasioni ufficiali e meno istintive.

Nonostante la vicinanza con la Francia qui i barbieri si chiamano acconciatori. È un nord poco mercantile, dove il libro, grazie alla cultura valdese, ha ancora una sua importanza. Non ci sono più le riunioni di una volta nelle stalle dove gli uomini si passavano tra le mani ponderosi volumi. Oltre alla Bibbia, si leggevano anche classici della letteratura francese come *I miserabili*.

Se dovessi assegnare un marchio al territorio, io lo chiamerei la *Valle del pascolo e della lettura*. Questi non sono luoghi di ignoranti come quelli che bucano il video. Basti pensare all'alto livello di scolarità che ha caratterizzato, fin dall'800, numerosi appartenenti a tale comunità: ... *Ci sia lecito a questo punto osservare come, nel secolo scorso ('800) poche comunità sembrano aver apprezzato, più di quella di Massello, l'istruzione nei suoi vari gradi. In una popolazione di circa 500 anime, si sono avuti, negli ultimi cento anni, originari di Massello 21 pastori, un professore universitario, 6 professori di scuole medie, 3 dottori in scienze economiche e commerciali, un dottore in legge, un dottore in farmacia e 7 insegnanti elementari...* (T. Pons).

Oltre al turismo delle escursioni naturalistiche ci sarebbe da inventare il turismo della lettura.

Forse è il tempo che gli scrittori lascino le città e prendano la via delle montagne e dei posti sperduti. Da questo volontario esilio rispetto alle città-garage potrebbe nascere un nuovo umanesimo in cui l'uomo capisca di essere un animale tra altri animali e non l'ingorda creatura che si sta mangiando il pianeta.

Non è che questo nuovo uomo lo si debba impiantare do-mattina, ancora non ne possediamo il seme, ancora non sap-piamo, come specie, cosa ci rende felici e dunque non pos-siamo collettivamente adoperarci per trovarla questa felicità.

La lietezza di stare al mondo appare in vesti mutevoli, può essere di chi lavora venti ore al giorno e di chi sta tutto il gior-no a spasso, in chi prega e in chi fa l'amore, in chi parla e in chi tace. Sicuramente nell'attesa di svelare i misteri della no-stra testa, abbiamo il dovere di conoscere meglio il mondo che ci circonda e di rispettarlo. La Terra è grande appena quanto la puntina del giradischi e noi siamo la polvere che si è raccolta intorno.

Evidentemente il problema ecologico viene prima di quel-lo egologico, ma sarebbe puerile immaginarsi di trasformare gli uomini in assennati cercatori del bene e del meglio. Gli uo-mini piuttosto devono accettare il miracolo passeggero di es-sere qui, devono convincersi di essere animali in transito sul-la scena della vita e che questa scena non è di nessuno, non ha padroni e forse non ha neppure creatori. Abbiamo rag-giunto un tale progresso materiale che almeno in questa par-te del mondo possiamo permetterci il lusso di procedere cu-riosando e non semplicemente battendoci per mettere qual-cosa sotto i denti.

Noi possiamo aiutare gli uomini che devono combattere contro la fame e le oppressioni facendo buone testimonian-ze, pronunciando tutte le verità che ci è possibile pronuncia-re, facendolo subito, senza calcoli e reticenze. Non sappiamo bene se un mondo esiste ancora e se tutti noi siamo in via di sparizione, comunque ci sono ancora luoghi, ci sono persone in questo crepuscolo cui dobbiamo dare ciò che vorremmo avere: la conoscenza di un luogo non può che essere avventurosa, legata più allo slancio verso il mondo sensibile che al raziocinio e alla saggezza.

Questa è un'epoca urgente, un'epoca in cui come scriveva il poeta russo già citato: *viviamo senza più fiutare sotto di noi il paese, / a dieci passi le nostre voci sono già bell'e sperse.* Eppure in questo autismo di massa possiamo ancora edificare qualche comunità all'impronta, ovunque ci troviamo, e dobbiamo avere la forza di tenerla in vita anche il giorno dopo e nei giorni a venire.

Le conosciamo tutti queste giornate che girano a vuoto; ognuno perso e disperso nel suo meccanismo, teso ad accumulare un qualche profitto morale o materiale. Le conosciamo queste giornate di intima insoddisfazione, interrotte ogni tanto da qualche momento in cui sembriamo ritrovarci insieme agli altri. Accade magari durante una cena, accade che ci si scambi delle parole accorate, affettuose. Sembra di essere sul punto di avviarsi insieme verso una meta, ma già il giorno dopo il castello si rivela di sabbia e l'onda se l'è portato via e si riprende l'affanno solitario, si riprende l'attesa di ritrovarsi in uno spazio comune.

Giorni fa scrivevo a un amico: *dobbiamo fare qualcosa per farci compagnia nel crepuscolo del mondo*, ma più sinceramente avrei potuto scrivere *nel nostro crepuscolo.* Lui mi ha risposto questo: *ti sembra semplice? Che cosa è questo «qualcosa»? Prova a pensarci, il più profondamente che puoi e ti parla uno che in tutti questi anni grosso modo se guarda bene, se guarda veramente bene, ha imparato quasi solo due cose e le ha imparate da Wittgenstein, e sono queste: 1- tu sai ciò che devi fare per vivere felice: perché non lo fai? 2- se menti a te stesso, sarà questo che il tuo stile esprimerà.* In fondo alla lettera l'amico mette giù questa roba: *la vita di oggi è un camposanto sterminato di etc, di avrei voluto, di distinguo, di cavilli, di ani-*

me in pena, di noie, di seccature, e di nuovo etc e altri eccetera
e ancora eccetera, di sì però io, di sì però tu, di noi non dove-
vamo, di voi potevate...

Avverto in maniera dolente che non c'è tempo per i disin-
canti e le sottigliezze. È inutile nascondersi sotto la matto-
nella, non c'è casa per nessuno, non c'è riparo. E allora bisogna farsi viandanti, avventurieri anche nei luoghi più poveri
e nei più comuni impieghi, anche negli spazi domestici.

Siamo chiamati ad abbandonarci totalmente al mondo e
alla sua sparizione, in questo abbandono ci può essere qualche fuoco che dura, un'intensità che ci fa bene.

SAN CASSIANO

Diario dell'afa

La prima impressione di questo viaggio è l'arrivo in un paese in cui sento solo il mormorio dei piccioni. Non è San Cassiano, ma comincia comunque con la esse, è un nome che non vuole entrarmi in nessun modo nella testa. C'è un ambulante marocchino nell'angolo di una piazza vasta che ha un lato dall'aria decisamente messicana. I piccioni stanno fermi sulla facciata di una chiesa. C'è un cane che non ha intenzione di abbaiare.

Nelle ore di mezzo incontrare delle persone in giro è quasi impossibile. Qui una cosa sacra c'è ancora: è la quiete letargica della controra.

Lo scirocco africano scippa la sabbia al deserto e la porta qui dove non sa che fare. Come questa ragazzina che brucia la noia della sua età e della stagione e mi fa pensare agli sterminati pomeriggi estivi della mia adolescenza passati ad attendere donne che non arrivavano mai.

Il sole non splende sulle cose, le inonda. Il paese è ritratto come una lumaca nel suo guscio. Si esce di pomeriggio verso il tramonto come fosse primo mattino. Ci si saluta quando il sole declina, quando il giorno è un pericolo scampato.

Stanze bianche di calce, stanze nascoste dove chi si bacia sempre viene raggiunto dal mare e dalla luna. Una sola volta mi è capitato di incrociare lo sguardo indecifrabile di una donna dietro le imposte. Ho immaginato che ci fosse un uomo sotto di lei, un uomo assetato dei suoi umori.

Non avevo mai conosciuto un caldo serale come questo. La lingua mi è morta in gola. Dentro la testa pare si sia fuso quel punto indefinibile dove c'è l'io, dove abita questo funambolismo biologico che chiamiamo coscienza. Un mollusco mesozoico mi cammina nel sangue alle tre di notte. Il letto è un mare caldo e agitato.

San Cassiano il primo agosto non è un paese, è un tostapane. Il paese è a pianoterra, ma tutti abitano al piano di sotto. Tutto l'abitato è una vasta cripta. Sotto non ci sono affreschi bizantini, ma le solite stoviglie, divani, televisori, le riserve dell'olio e del vino, i vestiti e tutte le altre merci con cui carichiamo l'asino della nostra vita. Ogni casa è sigillata come se fosse in corso un tornado. Stanno dentro a custodire gelosamente un filo d'ombra. Il sole è una bestia che non deve entrare in nessun modo.

Tutti hanno un tocco d'infinito in mezzo agli occhi se stanno seduti da soli sulla panchina di un paese alle tre del pomeriggio in un giorno d'agosto.

Al quinto giorno arriva il primo accenno d'aria fresca. L'afa è finita. È durata un centinaio di ore la brace dell'anno.

Descrizioni e commento

Nove donne sedute. Donne dell'Est. Stanno insieme, guardano allo stesso modo, parlano una lingua che sembra la stessa. Noi siamo smorfie, fughe, inganni. Per noi e per loro.

Un ventenne annoiato legge «La Gazzetta dello Sport» al bar. Si sente al sicuro, se leggesse un libro di versi si sentirebbe a rischio, potrebbe passare per uno un po' strano, un esaurito. Lo sport è una cosa pubblica, la poesia una faccenda privata.

Anche qui giocano a carte sui tavolini di plastica bianca. Anche qui giornali sul frigo dei gelati. Quando vai in un paese c'è sempre una scenografia che hai già visto altrove.

Guardo la cabina telefonica dal tabaccaio come se fosse la pancia di un dinosauro. Pare strano adesso che una volta per parlare bisognava andare in un luogo, recludersi in una cella.

Pensierini e notizie su San Cassiano

A San Cassiano, tanto per cominciare, non si muore di smog. Il pessimista potrebbe dire che si muore di desolazione. Ma la desolazione prende solo i più sensibili, lo smog colpisce tutti.

Il nome del paese viene da Cassiano, uno dei fondatori e legislatori delle arcaiche fraternità monastiche dell'Europa d'Occidente.

A San Cassiano non si spende nulla per parcheggiare la macchina. L'aria e il cibo sono più sani che a Milano. Non è facile ricordarselo.

Novanta metri sul livello del mare. Quaranta chilometri da Lecce e Gallipoli, venticinque da Otranto. Il posto conosciuto più vicino è Maglie. Fino a qualche decennio fa il paese era frazione di Nociglia. Per questo non è segnato in alcune carte poco aggiornate.

A San Cassiano all'inizio del 2000 vivevano 2200 esseri umani, una trentina di capre, una decina di conigli, un centinaio di mucche, una trentina di maiali, una decina di bufali e un paio di cavalli.

Il santo patrono è san Rocco a cui è dedicata una piccola cappella votiva. Ma la chiesa più bella è dedicata all'Assunta.

Il monumento più importante del paese è la cripta della Madonna della Consolazione con affreschi del XII secolo.

La piazza è quella tipica dei borghi di campagna. Una chiesa parrocchiale non particolarmente antica e manomessa dai soliti rifacimenti. Di fronte un bel palazzo che appartiene a una famiglia di grandi proprietari terrieri. Il lato buono della piazza è occupato da un palazzo appartenuto ai vari feudatari del paese. Si accede tramite un grande portale che dà in un bel cortile, che è un po' come una piazza. Adesso il palazzo è sede del Comune e di un bar. Il barista è molto solerte e gentile. Questo bar in effetti è il centro del paese, però ha un'aria da luogo di passaggio. Non è come certi bar dei paesi miei che sono dei veri e propri luoghi terminali, i bar della cirrosi. Qui è tutto molto curato, come se il fregio del locale e del cortile annesso dovesse servire a ripagare della piazza che è un po' disadorna. Ci si può accomodare a prendere qualcosa anche al piano interrato dove c'è un antico e ben conservato frantoio ipogeo che al posto delle macine ospita sedie e tavolini.

Impieghi in paesi vicini o a Lecce. Operai nelle piccole aziende in zona Pip (essenzialmente cornici e trasformazione dei prodotti della terra). Agricoltura delegata agli anziani. Molti avviamenti alla carriera militare (non a caso da qualche parte c'è una piccola targa dello Snad, Sindacato nazionale autonomo difesa). Pensioni e redditi residui da emigrazione. Poi c'è sempre il bidello, il medico, il geometra, il tabaccaio e i pensionati.

Visti e non visti

In cinque giorni non ho mai visto quei macchinoni degli emigrati che tornano dal Nord o dalla Svizzera e non ho neppure sentito quel dialetto sporcato dalle grandi manate di un italiano preso a prestito. Io pensavo che questi fossero segnali tipici di un agosto meridionale, ma ormai il Meridione va preso caso per caso, direi quasi casa per casa.

Una giornalista di un giornale locale ci intervista con belle domande. Si è preparata seriamente. Ci guarda con curiosità e ammirazione. Non ricordo il suo nome. Noi andiamo dietro solo a chi ci trascura.

Due sere di pizzica. Una vera, una liofilizzata. La serata buona è stata in compagnia di due salentini, anche in questo caso non ricordo il nome, affettuosi e intelligenti, orgogliosi al punto giusto della loro terra, riflessivi e sorridenti. Persone così sono dei piccoli tesori, tesori che troppo spesso i paesi hanno perduto a causa dell'emigrazione.

Il vicesindaco ha un'aria di chi amministra come se fosse l'allenatore di una squadra di calcio.

Quante cose non ho visto. Per esempio non sono andato all'ufficio postale per vedere se ci sono le file. Non sono andato nello studio dei medici di famiglia per vedere se sono affollati come al mio paese.

M'incanto a sentire la madre del barista che parla in dialetto. Sento una canzone, non m'importa ciò che dice, vado dietro al motivo. Il dialetto dei giovani non canta.

Nel cimitero di San Cassiano non ho visto neppure un morto.

San Cassiano e Botrugno. Andiamo a cena ogni sera in un ristorante di Botrugno dove si mangia benissimo. Il proprietario del ristorante assiste al nostro pranzo come un ginecologo segue una partoriente. Stiamo mangiando per il nostro piacere e per il suo. Ci andiamo a piedi perché tra i due paesi c'è solo una fettuccia d'asfalto dritta. Questa è una cosa che non avviene mai dalle mie parti. La strada gira, sale o scende; il paese, anche quello più vicino, richiede sempre una piccola fatica per essere raggiunto.

Paragoni

Uno va in un paese e può chiedere tante cose. Per esempio andare all'ufficio anagrafe e farsi fare il conto di quanti sono morti negli ultimi quarant'anni e di quanti sono andati via. Al mio paese negli ultimi quarant'anni sono morte tremila persone e ne sono partite quattromila. Magari a qualcuno verrà voglia di fare qui lo stesso calcolo. Non serve a niente. O forse serve a spaventarsi per un attimo, serve a vedere il paese essenzialmente come luogo di sparizioni.

Sarei anche curioso di sapere se questo paese è come il mio, dove se c'è un solo motivo per odiarti ti odieranno. Se c'è un solo motivo per amarti, altri te ne chiederanno.

Molti paesi, dalla Liguria alla Calabria, sono sulle pendici dell'Appennino. I paesi del Salento sono lontani dalle montagne. Ovunque sei nel Salento non sei mai lontano dal mare più di una trentina di chilometri. Per me è difficile capire come funziona un luogo che ha intorno il mare invece che montagne.

Anche qui fanno le feste ad agosto. Ne abbiamo viste due. Ci hanno sorpreso. E di queste feste non so dire molto. Noi ci aspettavamo la pizzica e abbiamo trovato la Scozia e il Western, motociclette e impero romano. Veramente dei piccoli giochi senza frontiera e senza alcun rapporto con la tradizione. Ma dove sta scritto che si deve sempre zampettare nei costumi tipici e nelle tradizioni di un tempo? Di sicuro le feste che ho visto a San Cassiano al mio paese sarebbero impossibili. Da noi non c'è quella ingenuità, quella semplicità, quella leggerezza che c'è qui. Nessuno si sarebbe messo per mesi a lavorare a uno spettacolo che dura mezz'ora. Nessuno avrebbe messo i soldi e la pazienza che occorrono in questi casi. Dalle mie parti sono tutti nervosi, contratti, sospettosi. Nessuno che si abbandoni a niente, tutti a spiare e a spiarsi. Il mio è un sud celibe e nevrotico, scontroso e incapace di complimenti. Un sud in cui ci si lamenta di tutto, persino del fatto che ci si lamenta. Mi pare che a San Cassiano spiri un'altra aria, meno cervellotica, un'aria in cui si miscelano in maniera singolare umiltà e istrionismo, senso del dramma e della leggerezza.

Discorsi

I discorsi che si fanno se parli con qualcuno sono quelli tipici di quasi tutti i paesi meridionali. Primo discorso: stavamo meglio prima. Questa tesi è sostenuta da due argomenti: una volta c'era più allegria, una volta c'era più gente. Il tappeto su cui sono disegnati questi ragionamenti è sempre il rimpianto. Nei paesi non ci sono molte ipotesi sul futuro. Sembra che il futuro sia bandito. Tutto è avvitato nella mestizia del presente e nella fantasia del passato. Fantasticare è in genere un'attività rivolta al futuro. Invece nei paesi si fantastica sul passato.

Bisogna appostarsi davanti al bar, aspettare l'interlocutore come il cacciatore aspetta la preda. E quando si comincia a parlare c'è sempre questo filo di nostalgia per il paese di un tempo. Questo l'ho già scritto. Ma scrivere, come vivere, essenzialmente è un'attività ripetitiva.

Quando c'era la comunità questa parola non la pronunciava nessuno. Questa parola l'ho sentita anche a San Cassiano.

Panorami

L'inverno sarà triste come tutti gli inverni nei paesi, un inverno in grigio. Tutta la neve che arriva, se arriva, la puoi raccogliere nel palmo di una mano.

L'anima salentina non è mai concisa. Anima che si allunga, tracima, si arriccia, insomma è un'anima barocca. Ma qui vedo un Salento silenzioso, occultato, misterioso, un Salento silente.

La piazza è vuota come una sala operatoria quando non ci sono operazioni. A pochi metri c'è un luogo che qui chiamano *la villa*. Questo è il posto più affollato. Si gioca a carte, si prende il fresco, si tirano calci a un pallone. San Cassiano non è un paese in estinzione come tanti del nostro Sud e non è neppure un paese travestito da cittadina.

Andiamo ai Paduli. Di questa zona in cui ci sono migliaia e migliaia di ulivi robusti e sani io ne noto uno che è morto e lo faccio notare ai miei compagni. La morte di un ulivo è scandalosa, come quella di un insetto. Qualcosa del genere mi pare fosse l'idea fissa di Canetti. In parte gli somiglio. Non riuscirò mai ad abituarmi a questo scandalo di cui prima o poi saremo vittime.

Qui non c'è il cielo nano di altre pianure. Qui il cielo ha vette altissime.

Il Salento non ha perso le grinze, le rughe. Progredire, buttarsi alle spalle i segni di un'antica miseria qui è stato un imperativo più blando.

Il paese è diviso in quattro contrade. Penso sia un calcolo al ribasso. Le contrade sono mille, almeno, una e più per famiglia.

Siamo a sud e siamo a oriente, ma questa è un'Italia solida, centrale, un'Italia che si squaglierà più tardi di altre.

Qui è lontano lo sbraitare cittadino. Il paese è circondato dagli ulivi. In fondo quest'albero è l'abitante principe del posto. Un albero che regala i suoi frutti poco alla volta.

Niente montagne e case incastonate sotto la roccia, niente alberi in pendenza e serpenti che strisciano in salita.

Una volta arrivavi nel Salento e trovavi case basse e muli e vie polverose. I muli sono stati soppiantati dalle macchine. Le vie polverose dall'asfalto, ma è quasi sempre pieno di buche.

Verso Otranto c'è una strada bellissima da guardare, roba

da scendere e fermarsi, come in un museo, nuvole e ulivi incorniciano un mare che ancora non si vede.

Mi pare che sia avvenuto qualcosa d'importante negli ultimi anni, qualcosa che i libri ancora non ci dicono. Anche San Cassiano mi dice di questo avvenimento, di questo «scolorar del sembiante» direbbe Leopardi, di questo trafugamento delle esistenze.

Questo paese non ha una parte antica e una nuova, è antico e nuovo, uguale e diverso in ogni punto.

Qui sapevano vivere senza addobbarsi di cose come alberi di Natale. Penso al saper vivere nutrendosi di olive e pomodori, di pane e di luce. Le case erano piccole, ma il cielo era grande.

Qui è meno assillante il panorama italiano che c'è ovunque: macchine, macchine in sosta o in moto, e insegne, e pompe di benzina, villette, palazzine, viadotti, strade che portano ad altre strade.

Il paese in qualsiasi punto lo prendi non è mai lontano più di cinquanta metri dalla campagna. Ci sono queste case in mezzo ai campi, stanno vicine tra loro, si fanno compagnia. Una volta si costruivano i paesi ed era naturale mettere una casa a fianco all'altra, si risparmiava anche un muro. Adesso chi si fa la casa la vuole isolata, è impossibile che in periferia ci siano due villette adiacenti, con un muro in comune.

I pochi con cui ho parlato sono stati di una salutare gentilezza. Forse ci sono delle zone in cui il sistema dell'egoismo universale non tiene, non attecchisce più di tanto. Avranno pure loro diatribe e lacerazioni, ma nelle due serate dedicate ai giochi li ho visti tutti insieme.

Il gesto più comune qui è raccogliere le olive. Chi non è esperto di queste cose pensa che la raccolta delle olive si fa una volta all'anno. È vero, ma è una raccolta che inizia a ottobre e finisce a marzo. Una raccolta a ondate, a sussulti.

Ogni anno vengono qui dei giovani a studiare i problemi del paese e a proporre soluzioni. Uno dei problemi è che molti di questi giovani sono del posto e per studiarlo vengono da fuori. Pare che residenza e riflessione siano un ossimoro. Se ne può tirar fuori un aforisma: *chi risiede non riflette e chi riflette non risiede.*

PAESI GRANDI QUANTO IL PUGNO DI POLIFEMO

1.

Il Molise ha due porte. La prima, a occidente, è Venafro. La seconda, a oriente, è Termoli. Sono due porte lievemente animate, ma basta poco a capire che il Molise è un luogo appartato e spoglio, moderato e schivo. Un luogo senza eccessi e spudoratezze.

Tra un paese e l'altro poche case. La campagna sembra sia stata lavorata di nascosto, non si vedono trattori, non si vede il groviglio degli attrezzi agricoli davanti alle masserie.

Arrivo a Bonefro e più che un paese scendo in una nuvola di polline. Divento una macchina per fare starnuti. Da un anno all'altro si rinnova questo sposalizio col polline, questa sorpresa del primo giorno in cui sono senza difese e divento una fontana zampillante.

Quando arrivo in un paese mi chiedo sempre come faccio a vivere nel mio. Un vento chiaro sposta le nuvole delle abitudini e mi fa vedere la terra in cui sono impalato, in cui è impalato ognuno: la salumiera che confeziona il panino, il pensionato che aspetta l'ora di pranzo, la ragazzina che aspetta uno sguardo. Ogni luogo è stretto, ogni vita ha recinti che possiamo recidere solo con l'ebbrezza. Questo pensiero si tuffa nella mia mente senza muovere molta acqua. Neppure io mi muovo, seduto in piazza a chiedere dove sia il prete che devo incontrare.

Uno mi dice che la ricostruzione non è ancora cominciata. Ma io non sono qui per questo. E neppure indugio ad ascoltare un altro anziano che mi parla dell'autostrada che dovrebbe essere costruita da una parte all'altra del Molise. Guardo una casa coi mattoni e poi una con l'intonaco e un'altra con le pietre. Non chiedo al paese di spalancarmi la bocca per vedere se ha le tonsille infiammate. Mi basta sciogliere il filo d'aria che avvolge ogni luogo come un fiocco, e vedere il dono.

Il prete è giovane, mi porta a vedere la chiesa che dentro è tutta piena di tubi. Gli chiedo delle sculture, sono qui per questo, devo vedere i luoghi dove stavano le statue portate in salvo dopo il terremoto. In una terra di emigranti è toccata l'emigrazione anche ai santi.

Il Molise è un luogo in cui per oltre un secolo si è nati solo per andarsene altrove. Questo pensiero avrebbe un colore cupo se fossi venuto qui in un giorno d'inverno. Per un secolo tutte le mattine la neve veniva e la gente partiva. Succede anche adesso, ma sono partenze un po' clandestine, non si passa per la cantina a salutare tutti e a dire dove ci porta il destino.

Arriva sempre qualcuno che ti dice: qui non c'è niente. È una frase che si dice per noia e per distrazione, ma è una frase che può venire da un sentimento preciso, da un sentimento reciso: il respiro del paese, quando aprivi la finestra. Quel respiro che non senti più. Che forse torna qualche volta il giorno del patrono, quando dalla finestra senti il suono della banda. Ti stai vestendo, te la stavi prendendo comoda e invece capisci che non c'è tempo, devi subito scendere a vedere, non possono suonare alla strada vuota i suonatori, devi farti vedere, sei un pezzettino della festa, un pezzettino di un mosaico che non luccica e che con l'andare del giorno diventa sempre più opaco. Tra le statue che stavano nelle chiese dei paesi colpiti dal terremoto sicuramente ce n'era qualcuna che usciva in processione e si portava dietro di sé popolo e suonatori, preti e bambini, il drappeggio con l'oro e i petali di rose.

Il vecchio alfabeto del paese ha perso ogni lettera. Dalla a di asino alla z di zappa, passando per la m di mulo, per la p di pecora, per la c di contadino. Il nuovo alfabeto sembra cominciare dalla lettera d, dalla desolazione. O forse comincia prima, comincia dalla c di cimitero e finisce con la zebra di questa donna che mi passa accanto, chioma bianca, vestito nero, zebra di solitudine nella savana di questa sfibrata ruralità postmoderna.

San Giuliano è arrivato sulla pellicola dell'attualità televisiva per la scuola caduta. Il paese adesso è un cantiere fatto solo di gru. Le persone stanno in un insediamento provvisorio, fatto di case di legno.

Ogni volta che vado in un posto nuovo faccio visita al cimitero. Qui è una visita speciale. Vado a vedere i bambini e trovo i genitori di due delle ventisette vittime. Erano gemelli. Forse oggi la visione più intensa che il Molise può offrire è proprio in questa fila di loculi bianchi a cui stanno appesi gli oggetti appartenuti ai bambini: bambole, palloni, gagliardetti, bomboniere. Sembra un negozio di souvenir, una bancarella di un luogo turistico. Penso alla sproporzione tra quello che c'è davanti a queste tombe e quello che c'è dentro. Sospetto che se possiamo ammirare la cappella Sistina, se possiamo ancora innamorarci o conversare tra noi, è perché in qualche modo riusciamo a distrarci. I genitori che stanno qui davanti ai loro figli e davanti a me forse non hanno tempo per distrarsi. Il lutto forse gremirà per sempre le loro giornate, li terrà occupati, con la mente che pesca nel magazzino dei ricordi un sorriso, uno sguardo dei loro ragazzi nel tempo della vita. Forse in una forma assai più diluita siamo tutti in un lutto del genere rispetto ai nostri luoghi. Per tutti c'è stato un terremoto che li ha portati via, ma un paese non può essere sepolto, rimane nell'aria, visibile, trasparente. Se pure viene adagiato in una bara, questa non può che essere di vetro.

Sulla strada per Ripabottoni ogni tanto vedo l'insegna che indica l'antico trattturo che andava da Celano a Foggia. Immagino le fatiche, i disagi della transumanza mentre spero che dopo l'ennesima curva appaia il paese che cerco. Anche io sono un pastore e porto al pascolo la mia impazienza. A Ripabottoni mi fermo davanti al bar che sta proprio di fronte alla facciata della chiesa. Classica controra paesana. Qualcuno sta seduto all'ombra, qualcuno è in piedi davanti al bancone. Faccio qualche domanda più che altro per non imbarazzare nessuno col mio silenzio. La chiesa è chiusa. Dopo un breve giro tra case chiuse o cadute o puntellate, vado a trovare il parroco. È giovane, mi accoglie in una chiesa di cartongesso. Poche domande anche a lui, poche risposte. So che devo interrogare il paesaggio più che le persone.

L'ultima tappa è Montorio dei Frentani. Anche qui chiesa chiusa, ma non c'è un bar davanti. Il bar e il lieve brusio che lo accompagna è a un centinaio di metri. Questo paese è piccolo come quello che ho appena lasciato, ma ha un'altra forma, è appoggiato per terra in un'altra maniera. Penso che nessuno ha mai visto due paesi contemporaneamente. Se sei in un posto non puoi essere in un altro. Se fossi stato qui un'ora prima magari avrei trovato un'altra atmosfera. Il vecchio che è seduto su una panchina di ferro dipinta di giallo forse stava ancora a casa sua. Insomma, la scenografia cambia continuamente, anche se di poco, anche se l'azione pare

113

sempre la stessa. Anche a Montorio non riesco a raccogliere nessuna notizia delle sculture. La mia missione in questo caso è più che mai una missione mancata. Però adesso il Molise mi appartiene, non è solo un nome, un luogo geografico. E le cose che ho visto si sono sistemate nella mente come insegnamenti lievi e preziosi.

2.

I paesi del Molise che ho visitato sono un'Italia in cui i mali dell'Italia sembrano attutiti.

Paesi grandi quanto il pugno di Polifemo.

Un paesaggio fraterno a quello lucano, ma più dolce. Siamo a oriente dell'Appennino. Non siamo nel centro e nemmeno nel sud dell'Italia, siamo nell'Italia d'Oriente. È la terra dei lunghi inverni, della neve e della lana.

Vivevano con poco i contadini di queste terre. Per secoli sono stati abituati a vivere di stenti. Una sobrietà congenita, naturale. La modernizzazione di certe contrade meridionali qui sembra arrivata in maniera meno selvaggia.

Immaginate un paese povero, immaginate il sudore dell'estate dietro i muli, la neve ventilata dell'inverno davanti ai camini. Una trama cupa e dolce allo stesso tempo, ma non la tristezza che c'è adesso.

Abetine, faggete, quercete e pascoli, forre, grotte, piani carsici, praterie d'altitudine e torrenti, leccio, robinia, querce, pino di aleppo e pino marittimo, falaghe, aironi e germani reali, cipressi, cespugli, pioppi, salici, biancospino, roverella, ornello, maggiociondolo e corniolo, tasso, acero, giglio di san Giovanni, orchidee selvatiche, falco pellegrino, nibbio reale, lanario, poiana, merlo acquaiolo, salamandrina dagli occhiali, lupo, gatto selvatico, tasso, scoiattolo, volpe, donnola, faina, ginestra dei carbonai, cerro, frassino, faggio, olmo, tiglio. Forse nei miei due giorni in Molise avrò visto un po' di questa flora e di questa fauna, ma non ci ho fatto caso. Qui anche il paesaggio è schivo, poco invadente.

Nella tipica macchia appenninica adesso bisogna includere questi paesi un po' svuotati, fermi come uccelli imbalsamati, questi paesi senza i visceri che fanno triste mostra del loro piumaggio, il piumaggio della desolazione.

In questi paesi c'è come un'aria di attesa. Paesi feriti dal terremoto e in attesa della ricostruzione. A parte San Giuliano, non si vedono gru e cantieri. Qui non è ancora cominciato il valzer delle betoniere.

Bonefro com. (Campobasso); 2623 ab., 620 m.

Montorio nei Frentani com. (Campobasso); 844 ab., 654 m.

Ripabottoni com. (Campobasso); 980 ab., 654 m.

San Giuliano di Puglia com. (Campobasso); 1506 ab., 452 m.

I paesi che ho visto sono paesi da mezza riga della Garzantina universale. Due numeri e via. In una ipotetica Garzantina paesologica questi paesi ovviamente avrebbero assai più spazio di quelli più grandi e conosciuti. La mezza riga spetterebbe a Portofino e a Positano.

Il paesaggio dei paesi che ho visitato sta a metà tra il mare e l'Appennino: basse montagne, alte pianure. Schiene di terra che si abbassano verso il mare in cui ogni paese è una vertebra isolata.

Duecentomila molisani sono andati via in vent'anni, tra il '51 e il '71. Dalle pecore ai bulloni, dal grano alle carte.

Arenarie, marne, argille sotto i miei piedi. Paesaggio a calanchi per i miei occhi stanchi.

Leggo sul libro che Montorio si trova sulle alture tra i corsi del Cigno, affluente del Biferno, e del Tona, affluente del Fortore. Non ho visto queste righe d'acqua e non ho visto neppure le mura e la rocca. Nell'era del navigatore satellitare si può arrivare in un paese senza chiedere nulla a nessuno. Viaggiatori bendati, mutilati, messi in posa da viaggio, ma sempre fermi, incapaci di entrare nelle pieghe del paesaggio.

Un paese di duemila abitanti è assai diverso da uno che ne ha cinquecento. Tra Bonefro e Ripabottoni si vede benissimo questa differenza.

I paesi che ho visto sono vicini a una Puglia che non somiglia alla Puglia, vicini a una Campania che non somiglia alla Campania. Siamo in una zona di confini che non sono confini. Il grano, gli alberi, il vento, le strade, le pietre delle case, le nuvole nel cielo, tutto questo è intriso di una lieve e irrimediabile solitudine.

Terra antica. Forse l'Italia è cominciata qui.

Si viene da queste parti per sperimentare il turismo della saggezza. Non siamo nel deserto, non siamo nella metropoli. Luogo ideale per svolgere l'occupazione fondamentale della vita che è quella di passare i giorni.

I paesi che ho visto non vogliono stordirti con la patina dell'orrido o del meraviglioso. Sono luoghi veri, perché luoghi qualunque di un Occidente che pare la coda di un serpente a cui hanno tagliato la testa. È un movimento senza direzione. I paesi non sono più luoghi per difendersi. Non ci sono barbari in arrivo. Molti scendono verso la pianura, scelgono luoghi dove c'è più gente. Sembra che la vita abbia senso solo se è mischiata a semafori e capannoni e cartelloni pubblicitari. La vita è andare in macchina, andare in macchina a divertirsi, a lavorare. Stare seduti su una panchina è roba da vecchi. Eppure sono proprio questi luoghi, sono proprio questi paesi spopolati una delle poche speranze per il nostro futuro. Forse un giorno a Ripabottoni torneranno a giocare tanti bambini in mezzo alle strade e le statue torneranno nelle loro nicchie. Forse un giorno non lontano sarà evidente che l'irrealtà con cui abbiamo svuotato il mondo e noi stessi può essere sconfitta tornando a vivere in luoghi dimessi e appartati, tornando ad accumulare giornate bianche, giornate in cui accade poco, ma quel poco che accade non svanisce nella girandola che c'è adesso. I paesi del Molise fra cinquant'anni saranno tra i luoghi più ambiti. E forse anche i tratturi si riempiranno di uomini e di animali. Non so come tutto questo possa avvenire, ma sono sicuro che avverrà.

Mi piacerebbe entrare in un paese e vedere gente che si muove a piedi: bambini, vecchi, donne, tutta una ragnatela di passi per catturare e farsi catturare dalle pause, dagli attimi in cui sembra che nulla possa avvenire. I paesi come luogo di riabilitazione degli umani, cliniche in cui si impari il compito fondamentale di passare il tempo, compito che è stato sostituito da una miriade di surrogati.

Riparare le statue, riportare alla luce i tratturi, potare gli alberi con cura, salutare con lietezza ogni persona, ecco alcuni gesti che ci possono far bene, possono farci ritrovare un filo di eleganza nella bolgia di cafoneria consumistica in cui siamo caduti.

Paesi a oltranza

Immaginate la mattina presto
l'uomo, la donna e il mulo
che vanno lenti verso la campagna
a scorticare la terra con le unghie
per piantarvi un seme.
Immaginate noi con le famiglie
nelle nostre case gremite
di beni poco rari.
Noi che senza esporci a niente
continuamente cerchiamo ripari.

SANT'AGATA

Andiamo a Sant'Agata, usciamo appena fuori dall'Irpinia per vedere un paese che non si è ancora allungato, deformato. I paesi dell'Irpinia ormai sono figure anamorfiche, sparsi nel bellissimo paesaggio a esibire fratture urbanistiche mai più componibili, paesi lussati, col midollo sfilato, con la gente che se ne va verso la confusione d'altri luoghi, verso le interferenze e gli impicci, gli svincoli e gli ottani, il fumo e i supermercati. Coi paesi se ne vanno gesti e parole, una continua, muta espunzione a cui nessuno sa porre rimedio.

Bisogna uscire, lasciar vagare la nostra carne, i nostri nervi, tra tetti e scale, porte chiuse, gatti, l'azzurro sul capo, la sterpaglia lontana che pare un velluto, i paesi lontani, il crocifisso, la sedia di un barbiere che vende ombrelli e ha messo una canna da pesca in vetrina. Vagare per questo paese senza l'ansia di trovare qualcosa di eccezionale, senza la voglia di stordirsi con miraggi e tentazioni. Adesso può bastare, a noi che non basta mai niente, un venticello che sale e scende dalla trachea, si posa sui muri, sulle macchie rosate degli intonaci, sulle serrature senza chiavi, sulle anziane donne che si godono l'ultima sosta della giornata.

La nostra visita comincia dall'alto, dal cuore murato, dall'angina di vicoli e case appoggiate alla loro quiete. Niente di lezioso: questo è un paese di agricoltori e si sente la sobrietà antica di chi sa che il raccolto è insicuro e varia al variare delle stagioni. Per noi passanti il piacere di tanta pace nasconde anche lo sfregio, la cattività, il malessere di chi è rimasto e sente che qui è tutto un mancare e uno sfinirsi sulle solite cose. Gente che fallisce la sua vita senza neppure sapere cosa fallisce, gente che si sente come terra abbandonata, su cui nessuno getta volentieri un seme.

Pur pagando a ogni passo il pedaggio di una strada che ci chiude in noi stessi, non siamo tanto distratti da non scorgere le solite bottiglie di plastica piene d'acqua davanti alle porte delle case, che anche i cittadini di Sant'Agata usano per impedire ai cani di pisciare davanti alle porte.

Con me ci sono alcuni amici cittadini che oggi respirano e guardano con piacere. Nelle città la respirazione, lo sguardo, sono cose che non danno più molte soddisfazioni, e per questo si cerca di diventare «qualcuno» e ci s'ingarbuglia le giornate a pensarci sopra.

Qualcosa di simile a quello che c'è qui si può sentire anche a Trevico, a Cairano, a Monteverde, qualcosa di quello che era la vita, bella e brutta che si faceva una volta. Adesso la vita che facciamo somiglia ai luoghi informi che abitiamo, luoghi di creta e di cemento, erbacce e vetrine, frammenti, mosaici che perdono pezzi sotto i nostri occhi, noi che non sappiamo dove stare e da quale punto parliamo e da quale punto gli altri ci vedono parlare.

IL PAESE BIBBIA: CALVANICO

Ieri sono stato a Calvanico, provincia di Salerno, Italia. In altri tempi avrei scritto un lungo articolo su un paese del genere. Avrei cominciato dal fatto che c'è un campo per giocare a hockey sul prato e dal fatto che non vi ha mai giocato nessuno. Non ho incontrato il sindaco che lo ha fatto costruire e non ho provato alcuna pena per i castagni secolari che sono stati abbattuti per far posto all'erba sintetica su cui avrebbero dovuto correre i pattini.

Detto questo, io in realtà di Calvanico non posso scrivere nulla. Penso che la cosa migliore sia invitarvi ad andarci. Andate e guardate, andate e ascoltate. Guardando e ascoltando credo che sarete stupiti. Nel mio girare per paesi non mi sono mai trovato davanti a un luogo che illustrasse così intensamente il Sud e la paesanità. Non ha senso dirne bene o dirne male. Ripeto, dovete assolutamente andarci. Troverete dei ragazzi di vent'anni che non somigliano ai ragazzi di vent'anni che siamo abituati a vedere in giro. Questi ragazzi mi hanno detto cose stupefacenti in un modo stupefacente. Non ero solo e il fatto che la mia acuta accompagnatrice fosse ugualmente stupefatta mi rassicura sul mio apparato percettivo. Non posso dire altro. Andate, guardate e ascoltate. Chiedete del professore Michele Conforti. Fatevi accogliere nella sua casa. Andate a mangiare in un agriturismo dove suonano la campanella per avvisarvi che il pranzo è pronto e dove servono i piatti in un modo che non avevo mai visto in nessun posto al mondo. Il vostro non sarà un viaggio turistico, sarà semplicemente un viaggio memorabile. Scoprirete in poche ore che ci sono ancora luoghi diversi da ogni altro luogo. Starete dentro una follia che è assai diversa da quella che ruminiamo ogni giorno. Una follia che si squaderna davanti ai vostri occhi con un candore e un'ingenuità a cui non siamo più abituati in un mondo di follie sofisticate. Mi pare che veramente a Calvanico dovrebbero convenire sociologi e psichiatri, antropologi e poeti. Quello non è un paese, è un libro, è una piccola Bibbia del delirio in cui siamo immersi.

FONTANAROSA

Signora bionda con fuoristrada, un giovane con occhiali gialli e codino che porta un cagnolino a passeggio. Un ragazzo che risponde a una domanda su Napoleone. La voce viene da una casa in pietra. Pare una cosa strana. E invece è tutto normale, in quella casa è momentaneamente alloggiata la scuola media. Poi ci faranno una locanda per turisti. Nella zona c'è anche una fontana firmata dallo scultore Cascella. Dalla fontana ancora non esce acqua, ma da queste parti non c'è fretta. Anche la fontana in piazza è senz'acqua, mentre i due grandi mortai in pietra fatti sistemare ad ornamento dell'abitato sono ricettacolo di un po' di cartacce. Dettagli. In piazza c'è una lapide dedicata a Giusto Giusto che ha questo inizio paradossale: *avvocato disinteressato della giustizia e del bene.* Tra tante lapidi noto anche la targhetta in ottone del professor Ugo Petrone, chirurgo urologo. La scritta mi sembra un po' avida: *Dio raddoppia a te quello che auguri a me.*

Passa per la piazza uno che sembra il sosia di Carlo Marx da giovane. Entro nella chiesa e lo ritrovo lì dentro. Lui fa il sagrestano. Mi racconta un po' della chiesa. Mi dice che l'ha fatta tutta il parroco, dalla cupola alle statue. Gli faccio notare che il pavimento non è all'altezza. Mi dice che erano finiti i soldi. Il parroco si chiamava don Davide Di Talia. Fece appena in tempo a vedere ultimata la sua chiesa. Era l'ottobre del '59, misero la statua del Sacro Cuore in cima alla chiesa e lui spirò. Secondo il sagrestano anche il suo successore don Giulio Ruggiero ha fatto molte cose. Ora uno che si impegna è sicuramente il consigliere regionale Angelo Giusto. Il laborioso consigliere è scapolo, ma forse un amore c'è l'ha e si chiama Fontanarosa. Lo chiamo al telefono per dirgli che sto nel suo paese. Sento che è dispiaciuto di non potermi accompagnare a farmi vedere le bellezze del posto. Mi dice di rivolgermi a un architetto, poi mi richiama per annunciarmi che l'architetto non sta bene, devo accontentarmi di un vigile. Vado al Comune. Il capo dei vigili destina una vigilessa ad accompagnarmi al Museo della paglia e della pietra. Si tratta di un grande capannone alla periferia del paese. La parte museale vera e propria è tutta ancora da allestire. Per dare l'idea alla vigilessa che non sta perdendo tempo, le dico che sono uno scrittore e che ho scritto un libro e che per questo libro andrò al *Maurizio Costanzo Show*. Pure io sono stata da Maurizio, mi risponde. Poi aggiunge, un po' sconsolata, che era tra il pubblico. A me colpisce quel confidenziale «Maurizio». Come se quel teatro fosse una casa di tolleranza in cui tutti prima o poi devono passare per perdere la verginità dell'anonimato.

Posso dire di aver visto tutto di Fontanarosa: le sculture di arte contemporanea disseminate per le sue strade, i portali, il campanile, la chiesa fatta dal parroco, le case fatte negli anni Sessanta e Settanta che ora sembrano orrende. Ora posso dire che la cosa più bella del paese, a parte la mirabile creazione collettiva del carro di paglia, creazione che continuamente si rinnova, è il Santuario della Misericordia. Posso anche pensare che ho passato a Fontanarosa due ore non cupe della mia vita. Sarà stato anche merito della bellissima giornata di sole, ma questo mi sembra un paese né avvilito, né vaneggiante, un luogo di persone che stanno al mondo senza rattrappirsi e senza stirarsi troppo. Qui si fanno salumi, caminetti, si prende la pensione, si parla davanti la bar. E così il tempo passa. L'orologio del campanile segna le dodici meno un quarto. Un altro orologio, quello della mia vita, segna la mezzanotte.

FLUMERI

Oggi sono malato perché ieri sera sono andato a piedi al paese vecchio e il vento mi ha bucato la gola sul ponte delle fra-
ne. Oggi devo andare a Flumeri. Mi avvio alle cinque del pomeriggio, con la pioggia e con un buio reso più feroce dalle
lucette natalizie. Questa abitudine di mettere i fili con le luci
intorno al balcone segna un ulteriore processo di fuga dal-
l'intimità natalizia.

Arrivo a Flumeri alle sei meno un quarto. Oggi ho questa
faccia infuocata: è la febbre che sta preparando il suo assal-
to. Forse è la prima volta che giro in uno stato di malattia
«normale», senza lo sciame, la guerriglia degli agguati portati dal sabotatore interno. Quando il nemico viene dall'esterno, immagino un virus influenzale in questo caso, il sabotatore se ne sta buono, la scorta di malessere è assicurata.

Flumeri l'ho vista tante volte, sempre con un certo disagio.
Prima visione: passo vicino alla casa di quello che fa il mana-
ger dei cantanti. È una casa enorme, con degli archetti davanti che sembrano stuzzicadenti di cemento. Soldi guadagnati inondando le piazze di cianfrusaglie acustiche, soldi
spesi secondo la logica di ostentare ricchezza e potenza.

Seconda visione: ancora una grande casa, da lontano pare una profumeria. Mi avvicino. Dentro si tagliano i capelli, una zona per i maschi e una per le femmine. Uno spazio enorme, c'è perfino un acquario. La cosa più sorprendente è la presenza di un angolo bar, con bottiglie di liquore e macchina per il caffè.

Terza visione: mi fermo davanti alla vetrina di un bar, è tutta addobbata di adesivi sulle ricariche dei telefonini. Non manca nessun gestore. Il resto della vetrina è coperto da adesivi sui giochi per vincere soldi. Ce ne sono almeno una decina. Parlare al telefono e sperare di vincere dei soldi, sono occupazioni comuni ovunque, ma non le avevo mai viste propagandate con tanta enfasi.

Quarta visione: in una sala attigua alla chiesa c'è una mostra di presepi. Mi colpisce la presenza di due presepi realizzati usando la carcassa dei televisori. Il televisore come un animale imbalsamato a cui hanno tolto le viscere colme di liquame mediatico per fare posto all'ovatta e al sughero di una teologia da soprammobile.

MIRABELLA

Solita impressione quando arrivo a Mirabella di stare in un luogo di grandi case immerse in una bella campagna. Oggi vado al Municipio. Saluto il sindaco che non sembra avere molta voglia di parlare. Mi affaccio su una splendida terrazza da cui si ammirano colline e montagne e paesi e case sparse nello splendore di un nitido mattino di settembre. Torno dentro. Do uno sguardo al museo del carro e a un altro assai meno interessante che racconta la passione di Cristo con la cartapesta. Il carro di paglia è la vera gloria del luogo, un prodigio della civiltà contadina che è rimasto miracolosamente in vita. Per vederlo in moto sopra i buoi bisogna andare a Mirabella il terzo sabato di settembre. Vedrete una specie di obelisco che sembra possa cadere da un momento all'altro e invece è caduto una sola volta, tanti anni fa.

Quando vengo qui entro sempre nella chiesa dove c'è un pregevolissimo crocifisso. Chiedo qualche notizia a un signore che sta sfogliando un vecchio libro. Mi parla della testa del Cristo, ben ritta sul collo. Se mi è consentito il paragone mi sembra di guardare un atleta agli anelli quando assume la posizione simile a quella di chi è crocefisso.

Il signore che mi sta parlando si chiama Pasquale Di Fronzo. È un prete in pensione. Somiglia vagamente a Giorgio Manganelli. Mi dice che ha scritto diciotto volumi sull'arte sacra in Alta Irpinia. Mostra di conoscermi, di aver letto mie poesie. Pure lui ha scritto tanti versi, venticinquemila, precisa, e tutti in metrica. Dice queste cose con un tono sommesso. Dice che la sua unica attività è lo studio. Lo fa perché non gli piace viaggiare o vedere la televisione. Non si appassiona neppure alle vicende sociali e politiche del nostro tempo. Ha fatto per anni il parroco in un piccolo paese qui vicino. Una missione svolta nonostante sia sempre stato tormentato dalle ombre della nevrosi. In fondo è di questo che vorrei sentirlo parlare, ma non mi spiace neppure che mi parli di una scultura o di un quadro: ce n'è uno nella cattedrale di Mirabella che è opera di un certo De Mita. Ci sono tante cose in questa chiesa che don Pasquale conosce, ma nel suo eloquio non c'è alcuna presunzione. In fondo lui nella sua vita ha fatto quello che i suoi nervi gli hanno consentito di fare. Quando ci salutiamo mi dà alcuni dei suoi libri. Adesso mi accorgo che nello zaino avevo una copia del DVD sui paesi e non ho avuto il pensiero di regalarglielo. Quando qualcuno è molto generoso nei nostri confronti può accadere che ci limitiamo a prendere e andiamo via.

APICE: UN POSTO MORTO CHE FA BEN SPERARE

Apice è a pochi chilometri da Benevento, a pochi chilometri dall'autostrada e dal luogo natale di padre Pio. Paese vecchio (con maglia urbanistica a conchiglia) e paese nuovo (con maglia urbanistica indefinibile), distinti e separati, uno di fronte all'altro, a tre chilometri di distanza. Fra l'uno e l'altro c'è il cimitero. Sparse nei dintorni le case di chi abita in campagna, quasi 2500 persone.

La prima volta che vidi Apice e i suoi colori mi venne una bella luce nella mente e un po' di pace al cuore. Ci sono tornato con l'inquietudine in piena efficienza e la distrazione per i miei crucci mi ha portato al paese nuovo.

Nell'ufficio anagrafe, arredato col poster del papa tedesco, chiedo di sapere il numero degli abitanti e le impiegate mi dicono di fare domanda scritta: la stessa risposta che mi avevano dato durante la mia precedente visita.

Vado a incontrare il vicesindaco che è stato primo cittadino senza alcuna interruzione dal 1956 al 2005. Lo trovo seduto dietro una scrivania sgombra di carte. Muove le mani intorno alle sopracciglia, sembra che stia provando ad adattare il suo sguardo alla mia presenza. Ha fama di essere uomo di poche parole e ascoltandolo parlare con buona lena penso che sto facendo le domande giuste. Provo a portare il discorso sul personale, ma lui è di formazione idealista, uno studioso di paese prestato alla politica: ha fatto l'insegnante, il direttore e poi l'ispettore scolastico. Mi parla in continuazione dell'idea di riportare in auge l'educazione permanente, praticamente la scuola per gli adulti. Gli rispondo un po' facilmente che una scuola, pessima, c'è già ed è la televisione. Ma quest'uomo non si scompone mai, anche quando si parla di cose che non gli piacciono. Lui dice che nella sua vita ha cercato sempre di trarre il meglio da ognuno. Un altro concetto che gli sta molto a cuore è quello delle culture locali e della necessità di studiarne i suoi simboli prima che svaniscano completamente. In fondo anche lui è un paesologo e non lo sa. Cerco di estorcergli qualche giudizio sui tanti uomini politici che ha conosciuto. Continua a non sbilanciarsi. Il suo partito di riferimento è stato la Dc e adesso è la Margherita, ma non è persona a cui puoi mettere una tessera in tasca. Avesse avuto più velleità e narcisismo, sicuramente lo avremmo visto tra i banchi del Parlamento. Nonostante abbia vissuto moltissimo da seduto, è arrivato a ottantacinque anni senza molti affanni. Gli chiedo se soffre di qualcosa: prostata, diabete, pressione alta. Niente. Neppure un banale mal di testa. Provo inutilmente a fargli qualche domanda sulla sua vita privata. Più tardi un salumiere mi dirà che ha vissuto sempre da scapolo e non ha mai convissuto con una donna, la sua sposa è il paese. Bocchino mi dice che il segreto della sua longevità è una vita sobria e il fatto di credere fermamente nelle mansioni che andava svolgendo: è riuscito a fare per otto anni anche il presidente della Comunità Montana. Mi pare che il potere non lo ha reso arrogante. Di lui si dice che non si è arricchito e non ha fatto arricchire i suoi parenti.

Lo saluto perché non voglio approfittare della sua gentilezza e perché mi è venuta voglia di stare un poco all'aria aperta. Oggi c'è il sole, un sole che si è visto pochissimo negli ultimi mesi.

Dopo aver provveduto a rifornirmi della mia solita colazione da scalino, mi avvio al paese vecchio. So che ultimamente viene usato ogni tanto dai corpi speciali dell'esercito che trovano qui uno scenario ideale per le loro esercitazioni.

Un manifesto annuncia che la Regione Campania ha stanziato molti soldi per il recupero dell'abitato. In un altro manifestino si parla di un protocollo di intesa tra la Provincia, il Comune e l'Università di Venezia. L'oggetto è la creazione di un museo a cielo aperto. In pratica si tratta di consolidare le case e di lasciare tutto come si trova, anzi di arredare il paese con testimonianze che risalgono al 1962, anno del terremoto che segnò l'inizio del trasferimento. L'operazione andò avanti lentamente per molti anni e subì una decisiva accelerazione dopo il sisma dell'Ottanta. Il grande protagonista di questo trasloco è sempre lui, il sindaco Bocchino. Difficile rintracciare in altre zone d'Italia un personaggio che abbia condizionato così fortemente la vita di una comunità. Praticamente si può dire che ad Apice nell'ultimo mezzo secolo non è avvenuto nulla senza il suo intervento.

Venire qui è sicuramente un'esperienza particolare. Ora ho davanti a me le case vuote; hanno portato via i tavoli, le sedie; non ci sono gli abiti né gli armadi, non ci sono le televisioni e tutte le cianfrusaglie elettroniche delle nostre dimore, eppure è un errore pensare che queste case siano vuote. C'è la polvere, ci sono le piante che spuntano sul limitare di finestre e balconi, c'è la natura che lentamente si riprende i suoi spazi. Sarà un lavoro lungo e al punto in cui è adesso offre uno scenario che ai miei occhi ha una sua grazia luccicante.

Un luccichio che viene dall'opaco, dal silenzio, dalle vernici che si scrostano, dai tetti che si aprono alla luce, dalle vecchie insegne delle beccherie scritte a mano sul legno.

Un paese abbandonato è un paese senza plastica, senza insegne al neon, senza negozi. I muri, i piccioni sui tetti, le stradine stanno davanti ai miei occhi e mi emozionano e mi distolgono dall'acida sensazione di dover rincorrere chissà chi e chissà cosa.

Cammino, entro nelle case liberamente: non ci sono cancelli, allarmi, muretti. Ho la sensazione che sto trascorrendo minuti preziosi. Ogni tanto si arriva nel luogo giusto al momento giusto.

Oltre all'ex sindaco ad Apice Vecchia c'è un anziano barbiere che apre alle quattro del pomeriggio e aspetta i clienti che vengono dalla campagna. All'inizio dell'abitato c'è un bar gestito da una ragazza. Scambio quattro chiacchiere col suo fidanzato tunisino. Quando lo saluto mi consiglia di andare a trovare il professore. Lo chiamano così. Si tratta di Raffaele Izzo, un artista di Benevento che alla periferia del borgo antico ha impiantato una libera accademia d'arte. Veramente un posto che merita una visita. Il professore vi spiegherà che i materiali con cui sono costruite le sculture disseminate un po' dappertutto sono materiali di sua invenzione. I pezzi a cui tiene di più sono un padre Pio da ventisette metri (dice che presto sarà collocato in Sicilia) e una riproduzione del cenacolo di proporzioni gigantesche e dalle presenze curiose: tra gli apostoli si è messo anche lui e Wojtyla. Il professore non è d'accordo con il progetto dell'università veneziana. Lui vorrebbe trasformare Apice Vecchia in una città degli artisti. Mi fa vedere la foto di Albano e di altre celebrità con cui vanta amicizia. Mi dice che sarebbero ben disposti a farsi dare una casa e a sistemarla a loro spese. Saluto anche quest'uomo che si definisce l'ultimo bohémien e torno al paese nuovo.

La parte più brutta è la piazza, è come un campo di calcio asfaltato e con una fontana in mezzo. Tra tanti anonimi negozi noto una bellissima gioielleria. I bracciali, i monili, gli anelli che amo erano nel paese che ha perso i suoi abitanti: l'oreficeria del vuoto. Il paese senza asini, senza maiali, senza galline, senza liti tra i vicini, il paese senza artigiani, senza le chiacchiere sulle panchine ha perso la sua traccia sonora e se mi chiedo qual è adesso il suo rumore mi viene da pensare al rumore del coma, ma è un coma che a me dà più vita delle pompe di benzina, dei capannoni, delle case coi nanetti di gesso e i cancelli elettrici. Museo antropologico o città degli artisti che sia, Apice è un posto morto, ma è una morte che fa sperare.

CASTELNUOVO, SANTOMENNA, LAVIANO

Ai tempi del terremoto li citavano sempre insieme: Laviano, Santomenna, Castelnuovo di Conza. Furono i paesi della provincia di Salerno più colpiti. Li ho visti in forma di macerie e adesso li rivedo completamente ricostruiti.

Non sono qui per denunciare scandali, per catturare storie. Sono qui per stare all'aria aperta, perché al mio paese posso solo scrivere, perché nelle città non mi piace andare, perché quando c'è il sole è meglio andare in un paese che leggere un libro. E poi mi piace vedere tre paesi uno dopo l'altro, vedi le differenze: li infili come le perle di un rosario, scruti le mutazioni cromatiche e di postura, osservi la filigrana che è diversa per ognuno sotto la stessa carta stropicciata dell'epoca.

Oggi mi sento come una massaia che raccoglie le erbe, un piccolo erbario di gesti: uno che getta un fazzoletto di carta dalla macchina, un uomo che mette il telefonino in mano a sua figlia che non avrà nemmeno due anni, uno che guarda le montagne e si mette le mani nei capelli.

Questi sono paesi di collina con la montagna addosso e la valle ai piedi. Qui c'è tanto paesaggio: boscoso, brullo, spigoloso, rotondo, dimesso, luminoso, oscuro, un paesaggio sprecato come deve sempre essere il paesaggio. Qui non è stato ancora messo in produzione niente, non ci sono cartelli turistici, non ci sono aziende agrituristiche.

Dico subito la cosa che mi ha colpito di più: il canto degli uccelli; era da tanto che non sentivo tanti uccelli stando in un paese. E un'altra cosa che ho sentito sono stati i galli, tutto il tempo che sono stato a Laviano ho sentito tanti galli.

Tre piccoli luoghi fatti di case nuove, con la gente che abita alla periferia. Immaginate una tovaglia, è come se tutto fosse apparecchiato nei lembi, il centro è vuoto.

Forse è stato proprio questo vuoto del centro che mi ha avviato alle prime considerazioni paesologiche, ma a Castelnuovo è veramente clamoroso. Sto in piazza Umberto I, una piazza senza insegne e senza abitanti. Sarebbe bello stare in questa piazza con una donna, prendere insieme questo silenzio e questo sole. Io trovo questi posti estremamente romantici, credo che non ci siano luoghi migliori per amarsi. Salgo un po' più su. Qualcuno ha sfondato le porte delle case vuote. Non riesco a crederci che in un posto così bello non ci siano abitanti. Ho visto situazioni simili tante volte, ma qui è davvero stupefacente. Penso che gli amministratori della Regione debbano una volta per sempre porre mano al problema dello squilibrio abitativo tra queste zone e quelle costiere. Non è possibile andare avanti così, con il forno dello spopolamento contrapposto a quello della calca. Nessun politico campano può illudersi di apparire illuminato se non pone rimedio a questo criminale uso del territorio. Vedo case ricostruite pure con un certo gusto, i colori degli infissi e degli intonaci ben curati, un lavoro ben fatto, ma il risultato è che la gente si è messa dove il paese è meno ripido e hanno fatto uno stadio in cui ci può stare il doppio della popolazione e stanno costruendo una chiesa che sembra una torta nuziale. Tutti vogliono la casa lontano dai vicoli, dove passa la strada, dove non ci sono vie anginose, dove non ci sono scale, dove il paese è slogato, sciolto e non ci sono altre case vicine. Il tetto come teca cranica, questo è il neuroabitare, dove ogni casa è un mondo.

Due curve tra cespugli, peri selvatici, ulivi, e sono a Santomenna. Qui la ricostruzione sembra sia stata realizzata da un'altra mano, il tessuto urbano è più compatto, ma il vuoto regna sovrano. Veloce osservazione del paese da sotto, dal filo della strada dove faccio in tempo a notare che uno che sta qui, ma ha vissuto molti anni in Argentina, è più tonico di un paio di giovanotti che contemplano la loro noia.

Vado a Laviano. Qui vari stili architettonici: Austria, condominio turco, Guatemala. Ma oggi il sole mi aiuta a non disperarmi, è la prima volta che guardo questo paese con il sole e questo mi fa ammirare la bellezza del paesaggio, la bellezza del paesaggio assorbe la bruttezza del paese, la riduce. C'è tanta montagna. Alle spalle c'è la Lucania e forse sarebbe stato meglio se questi paesi fossero in Lucania, la Campania non è una regione e non a caso nel '46 ne volevano fare due. Nessuno quando va al Nord dice che è campano. Fino a un certo punto si dice che si è di Napoli, poi non si sa bene che dire.

Ognuno fa quello che deve fare. Quelli che passano in macchina hanno regolarmente una sigaretta in bocca. Più che di residenti io parlerei di rimanenti. Paesi di emigrazione. Si parla di tutto quando si parla della recente storia italiana, ma si parla assai poco di emigrazione. In certi paesi è l'unica cosa che è avvenuta, andare via era l'unico modo di mettersi in regola con la storia. Se ne andavano trecento persone all'anno, un vero e proprio esodo a cui non ha mai fatto seguito un controesodo. Adesso arriva d'estate un po' di gente, si viene

139

a consumare il rito del ritorno, si viene per l'aria buona, il buon mangiare, ma sembra che nessuno creda in questi luoghi, come se essere in pochi fosse una cosa di cui vergognarsi, una certificazione di fallimento. Io mi ostino a fare questi giri, mi ostino a cercare qualche linfa per una vita nuova in chi passa il tempo andando ai funerali degli altri in attesa del proprio.

Adesso penso che un paese con una forma anche se è svuotato ti dà sempre un qualche ristoro. Questi tre sono vuoti e non hanno nulla di antico, in fondo sono stati costruiti negli ultimi vent'anni, si sente che le pietre, gli intonaci, gli infissi non sono stati tanto tempo sotto il sole o le intemperie, insomma un paese assai più giovane dei suoi abitanti è una cosa strana. Un paese giovane e vuoto è diverso da un paese antico e vuoto.

Davanti al bar alcuni giovani parlano della Ferrari. Non ci penso neppure di chiedere loro qualcosa. Chiedo informazione ai vecchi. Se parli con i vecchi sembra che stai facendo un favore. Se parli coi giovani sembra che sono loro a farti un favore. Un anziano di una settantina d'anni mi dice che molti fanno i braccianti, si mettono nei pullman alle tre del mattino e vanno a lavorare nella piana del Sele. Nella mappa della flessibilità ci sono anche queste persone, non ci sono solo i ragazzi dei telefoni e degli altri mestieri senza corpo.

Non ho visto un cane, una pecora, una vacca. Continuo a sentire solo uccelli e canti di galli in lontananza, non sono a Laviano, sono nel sabato del villaggio leopardiano, ma è un sabato senza donzellette. Tre paesi neppure una donna. Ma preferisco la tristezza di essere qui alla tristezza di essere altrove. Stamattina possono bastare il sole e il fragile tesoro degli uccelli e dei galli che cantano. Il resto è silenzio e non mi va di romperlo neppure con una domanda. Oggi sento che la parola è infetta, poso sul paese solo qualche sguardo e vado via dopo aver provveduto al rifornimento come se fossi un ciclista solitario che pedala e pedala senza alcun traguardo. Con due euro panino e grande bottiglia d'acqua minerale, due euro da consumare al sole, costa poco stare in piedi, con due euro qui puoi stare in piedi un'intera giornata.

Torno a Santomenna. Vedo un uomo sulla cinquantina che dorme nella sua macchina. Nascono da questa visione i versi che butto giù appena torno a casa. *Se perdi un figlio / puoi venire qui a dormire in macchina / alle due del pomeriggio, / puoi sentire il tremore del tuo corpo / come un cespuglio sente una formica. Non disturberai nessuno / non sarai disturbato nel tuo lutto / nella tua voglia di stare lontano / dall'usura degli impicci / anche quella minima / che viene dal restare in casa. / Ora sei qui di passaggio / ancora non sai come accantonarti / come accantonare il mondo guasto. / Ma guardali, alcuni già lo fanno, / magari a quest'uomo / che ti sta di fronte è già capitato / qualcosa di simile, / ha già chiuso la bocca / alla sua vita.*

A ZONZO TRA SELE E TANAGRO

Ci sono giornate in cui vado a vedere un solo paese. Ci sono giorni in cui ne attraverso tanti, uno dietro l'altro, fino a diventarne esausto.

Oggi la prima tappa è Valva, ma prima mi fermo ad Andretta per fare delle fotografie. Ci sono stato poco tempo fa e penso a quello che ho scritto. Penso che se ne scrivessi oggi verrebbe fuori un testo diverso. La vita di un paese è un romanzo lunghissimo e ogni volta che lo vedi ti porti a casa solo poche scene. Raccontare un luogo per me non è mai un esercizio facile, una faccenda che si risolve con un po' di mestiere e con l'elencazione di un po' di cose fatte o viste. Raccontare un luogo è sempre una sfida. Ogni pagina è un salto mortale.

Mi fermo anche a Castelnuovo di Conza dove ritrovo un anziano con cui avevo parlato una settimana prima. Per lui la gente che va in giro è un po' equivoca e mi chiede, in un dialetto assai simile al mio, dove vado rubando soldi. Salgo su a rivedere la piazza e anche qui qualcosa è cambiato. Non c'è nessuno, ma nella mia prima visita c'era una sola macchina parcheggiata e adesso ce ne sono tre. È un dettaglio sufficiente a cambiare l'atmosfera.

A questo punto decido di fermarmi pure a Santomenna dove mi consola l'assoluta mancanza di diffidenza da parte delle persone. L'unico un po' scostante è un assessore che fa il sindaco perché quello eletto è stato messo fuori gioco da una brutale malattia.

Vado a Valva con la paura che sempre mi viene quando sento notizie di questo tipo. Il paese adesso è completamente ricostruito, un gruzzolo di case sotto una roccia che oggi sembra essere la tana da cui escono le nuvole che coprono la valle del Sele. C'è una grande e bellissima villa, ma è aperta solo la domenica. La salumiera mi dice che non vengono molti turisti. Fino a qualche anno fa c'era un ristorante e adesso ha chiuso. Per strada penso che la provincia di Salerno è la più varia d'Italia. Una provincia che sembra un continente in cui puoi trovare di tutto.

Dopo Valva c'è Colliano. Anche qui la ricostruzione è stata fatta in maniera più che decente, ma la gente abita dove finiscono le pietre e comincia l'asfalto. Sopra Colliano c'è Collianello, una sorta di supplemento al paese. Poche case, pochi anziani, atmosfera mesta. Il peggio che si possa dire di Collianello è che non c'è niente. Invece ci sono panni stesi e questa bambina che adesso mi guarda e questi anziani coniugi che si parlano senza guardarsi. Ci sono ogni giorno case che si aprono, gente che si lava la faccia o che accende il televisore, gente che si nutre del lontano mormorio del mondo e non del silenzio che c'è intorno. Ho già scritto altre volte che il silenzio dei piccoli paesi è un grande nutrimento per il visitatore occasionale, è un ronzio fastidioso per chi lo abita ogni giorno.

Torno giù. Mi fermo a parlare con alcune ragazze in una piazza che in realtà è il bordo di una grande fontana. Non c'è un paese a cui è stato risparmiato un qualche delirio architettonico. Le ragazze parlano di progetti legati allo sviluppo turistico. Sono discorsi che ormai sento ovunque, ma la gente continua a intasare le solite mete. Occorre che nasca una nuova idea di turismo se si vuole che questi progetti non restino lettera morta. Una giornata a Montecarlo alla fine non è più bella di una giornata tra i paesi del Sele. Per ammirare questi luoghi non ci vuole il biglietto. Si arriva, si parcheggia piuttosto facilmente, e si fa quel che si vuole, si respira, si va in giro, si mangia, si sta per un paio d'ore e si va via.

Mi avvio verso Palomonte, pochi chilometri, e sono già in un'altra storia che mi cambia l'umore e la scrittura. Il taccuino degli appunti si trasforma in versi approssimativi: *A Palomonte la piazza / è un piccolo parcheggio / ai margini di un bivio. / Un quadrato d'asfalto / in piano, questo è il ritrovo / in un paese che tiene ancora i vetri / negli occhi e le travi sullo stomaco. / Se ci fosse una politica decente / chiederebbe immediatamente conto / a chi fatto il sindaco / negli ultimi trent'anni / per quali carte, in quale fitto bosco / di equivoci si è perso il filo / dei tetti e delle strade. / Adesso salire a Palomonte / è un calvario nel calcestruzzo: / paese flagellato dai pilastri, / cantiere dell'incuria / dove ti sembra di camminare / su chiodi arrugginiti / incrociando sguardi / perfettamente sfiniti. / Alla fine torno al parcheggio / da cui era iniziata la salita: / i ragazzi in macchina / con lo sportello aperto / aspettano la vita.*

Ormai la giornata è lunga. Mi avvio verso un'altra congrega di monti, sempre in provincia di Salerno, ma puntando al confine con la Lucania. Arrivo a Buccino. Il paese è grande e c'è molta gente tra il bar e la pompa di benzina. Pare strano che questo paese non sia svuotato e che ci sia quasi tutto quello che puoi trovare in una qualunque cittadina. Mi fermo poco, non sono questi i luoghi che mi interessano. Voglio andare a Romagnano. Percorro una strada deserta in una cornice di montagne che fanno pensare all'Ecuador. Non ci sono insegne che indicano il luogo che cerco. Per fortuna trovo un signore che lavora in una vigna e mi rassicura che sto per arrivare. Ancora un giro d'umore e tornano i versi sul taccuino: *Difficile immaginare un paese / più lontano, più morto, più nascosto, / un tuorlo di creta nel bianco dell'aria / nel guscio dei monti. / Paese abbandonato, / lasciato come si lascia una nave / incagliata in una piega della storia. / Era il 1980, era il momento giusto / per fuggire dalla rupe / per togliere le case dal dorso del mulo / e adagiarle sopra un panno / da biliardo. / In verità il trasloco non è riuscito / ma un paese morto senza essere inumato / dalle ruspe non emana cattivi odori / ed è bello da vedere. / L'unica affinità con la salma umana / è che adesso il vecchio centro fa paura / anche agli uccelli che lo guardano dal cielo / e quello nuovo è un rimasuglio / di matite rotte. / Me ne vado di corsa, / prima che sia notte.*

Sono stanco di curve e di montagne, ma non rinuncio a passare per San Gregorio Magno. Anche qui sulla bella tovaglia del paesaggio stanno case sparpagliate, avanzi di una storia recente fatta di errori e occasioni mancate. Ora c'è un senso d'impotenza e nessuna scelta sembra risolutiva. Intanto a me tocca scegliere se sconfinare verso Balvano o tornare a casa.

PRATA E IL SUO EROE SCONOSCIUTO

I paesi che stanno vicini alle città raramente sono belli. I paesi hanno bisogno di essere soli, staccati, incorniciati dal paesaggio e non da altre case, da altri paesi che cominciano e finiscono in mezzo alla strada. Le strade una volta erano i luoghi per arrivare in un paese, adesso sono i luoghi attorno a cui crescono i paesi.

Il caso clinico adesso è Prata. Il nome completo è più lungo, ma lo chiamano tutti così. Siamo nei dintorni di Avellino, terra del Greco e delle nocciole. In effetti nemmeno te ne accorgi che qui si producono preziose uve e tante nocciole. Ci sono troppe case sparse nel paesaggio, case che interrompono la visione dei campi, quasi ti fanno dimenticare che stai in campagna.

I paesi vicini alle città spesso hanno brutti negozi. La gente prende la macchina e va a fare la spesa fuori. I ragazzi quando cala il buio scappano dove possono. E il paese resta vuoto. Nei bar dimorano i più malinconici, i mercanti dell'accidia. Prata è un paese bucato, un secchio che perde acqua. Ma è un sud senza povertà. Nella famiglia tipo c'è almeno un pensionato e poi uno che ha l'impiego o uno che lavora in fabbrica e poi ci sono i soldi che arrivano dall'uva e dalle nocciole.

Sono passato quattro volte in due giorni. Nei passaggi mattutini ho visto poche persone, qualche vecchio e un po' di donne. Nei passaggi pomeridiani la piazza era piena di giocatori di carte. Sembra che in queste giornate d'agosto non si faccia altro. In piazza oltre ai tre bar ci sono due circoli in cui ci sono solo le sedie, i tavolini e le carte. Sarebbe curioso se all'improvviso ci fosse un divieto per la briscola o il tressette. Cosa farebbero del loro tempo tutti questi giocatori? Oggi nei paesi c'è molto tempo libero. Non ci sono più le grandi fatiche dei lavori contadini. Molti sono pensionati, altri vivono delle pensioni dei loro congiunti. E poi ci sono gli impieghi procurati negli scorsi decenni dalla Democrazia cristiana. Il mitico posto a cui ambivano i tanti galoppini che animavano le campagne elettorali. Dopo attese più o meno lunghe il posto arrivava, e magari chi sapeva fare il fabbro o il falegname si ritrovava a fare il portiere dell'ospedale o l'usciere in banca. Avellino è una città piena di persone che hanno avuto «il posto» e un po' ha esportato in tutta la sua provincia queste sue scorie di incuria e parassitismo. I paesi sembra siano stati impegnati in una gara a chi sapesse sfregiarsi di più. Forse il masochismo urbanistico degli scorsi decenni adesso si è arrestato. Forse si sta aprendo una stagione migliore e perfino i sindaci più fatui hanno qualche indugio nel procurare ulteriori ferite ai propri luoghi.

Prata è un tipico posto del Sud di oggi. Il centro storico è in rovina, il resto è periferia, una periferia dispersa casa per casa. Solita storia di una comunità in fuga dal suo passato. Soliti rimpianti di quelli che hanno una certa età. I vecchi rimpiangono il paese di un tempo. È un rimpianto mezzo falso e mezzo vero. Forse si piange l'imminenza del proprio passaggio al cimitero. Ma si sente anche una nostalgia per quello stare insieme che c'era una volta. I giochi dell'infanzia in realtà erano un solo gioco che coinvolgeva tutti i bambini del paese. E tutto avveniva all'aperto. Non c'erano i giochi solitari di adesso, con ogni bambino che gioca con lo schermo e dà le spalle alla sua casa, al paese. Questi bambini quando arriva l'ora di andare in piazza a cercare un po' di vita sotto la spinta degli ormoni adolescenziali si presentano con un aspetto da sonnambuli. Per loro il paese è fatto di pochi luoghi, poche persone. Non seguono la vita amministrativa, non si scandalizzano se il sindaco fa una schifezza. Per loro le uniche persone da contestare sono i genitori. Ho chiesto ai giovani di Prata chi fosse il signore a cui è intitolata la piazza. Ovviamente era una domanda tendenziosa. Già sapevo che non lo sapevano. A loro si può chiedere altro, magari non solo di macchine e della Juventus.

Non sanno niente neppure di Carlo Petruzziello. È vero che lui, come tanti, non abita in paese, ma in campagna. È vero che non gioca a calcio e non fa il cantante. Carlo adesso fa lo scultore e qui neppure impressiona più di tanto il fatto che lo faccia con un braccio solo. L'altro gli è rimasto inerte dopo un terribile incidente con la moto. Quando vado a trovarlo mi racconta la sua vita in pochi minuti. Ha appena superato i quaranta. Prima faceva l'imprenditore edile. Ha cominciato prestissimo. All'età in cui i suoi coetanei si baloccavano nelle solite indecisioni, lui faceva case per sé e per gli altri. Adesso vive coi suoi genitori e la sua casa è piena di oggetti di lavoro. Ha costruito perfino una piscina. Semplicemente in lui la vita coincide con il fare. Quindici, venti ore al giorno di lavoro. Carlo attinge chissà da dove le sue energie. Il braccio morto gli dà dolori atroci. Deve prendere ogni giorno farmaci possenti per allentare la corsa dei nervi. Ascolto ammirato la sua storia. Guardo le sue sculture in pietra e marmo e non riesco a capire come abbia fatto. Non penso alla resa artistica, penso alla fatica immensa che ci vuole per lavorare un masso informe, per dargli le spire, i movimenti che adesso ho davanti agli occhi. Non sono un critico d'arte e non so neppure cosa possa essere oggi l'arte. Sicuramente qui sono di fronte a un eroe. Non so se diventerà uno scultore acclamato. Non so cos'altro tirerà fuori con la sua mano (adesso sta lavorando a un grande pannello solare). Penso al mio tenermi in piedi a fatica. Lui parla e io mi metto le mani tra i capelli. Mi trascino da una stanchezza all'altra e questa stanchezza si fa più grande quando incontro la salute dei malati, l'immensa salute di chi sa soffrire.

GIORNATE SANNITE

Infilando uno dietro l'altro i paesi sanniti ti arriva un sapore di campagna, ma è una campagna che insieme è viva e postuma, perché viene dopo la fine della civiltà contadina. Si avvertono più che altrove i residui della frammentazione feudale, si percepisce una fastidiosa adiacenza tra i manufatti degli ultimi decenni e quelli di un passato più lontano. È come se le diverse realtà non avessero avuto il tempo di amalgamarsi, perché manca una spinta vera a questo nostro tempo senza sogni e senza coraggio, un tempo in cui gli uomini e i luoghi si depongono davanti al nostro sguardo in una forma destituita di ogni epica. Niente è smisurato o intensamente lirico. Da un paese all'altro sempre la stessa teoria di case sparse, abitate da popolazioni che ormai quasi coincidono col nucleo delle singole famiglie.

San Nicola Manfredi, Sant'Angelo a Cupolo, Calvi. In questi posti si sente la separazione della città dalle sue campagne a seguito del passaggio di Benevento allo Stato papale. La città a tratti la vedi nel suo scomposto mosaico di palazzine, ma questi paesi sembrano stare da un'altra parte, quasi avessero un'anima che s'impunta, che non vuole scivolare nel piano inclinato del fervore metropolitano. Si sale e si scende in un paesaggio collinare, un paesaggio gradevole che immediatamente peggiora quando cominciano le abitazioni, come se le case fossero una malattia del paesaggio. Spiccano sotto il sole alcune dimore ricostruite tutte con la pietra. Adesso si mette in vista quello che negli anni Sessanta andava nascosto. Nel maquillage degli intonaci i paesi furono deturpati, ma ce ne accorgiamo solo adesso.

A Buonalbergo lunghe file di case una vicina all'altra danno l'idea di trovarti in un paese con una precisa fisionomia. Mi fermo in un vicolo. Solite chiacchiere con gli anziani. Due vecchine si lasciano fotografare. Sensazione di pace, una pace desolata. Nel bar un ragazzo gioca a poker col video. È la controra. Sul tavolo un giornale sportivo racconta di un calciatore che non vuole giocare in nazionale. Il barista con le mani sulla pancia guarda una ragazza in televisione che litiga col fidanzato.

Sant'Arcangelo Trimonte. Questo è il paese che cercavo, quello a cui si può sicuramente affidare la bandiera bianca della paesologia. Paese perfetto per la mia idea di ricercare luoghi che non siano da bandiera blu o arancione e nemmeno un ripostiglio di incurie e nefandezze. La bandiera del luogo arreso, con un passato anonimo e un presente inerte. Sant'Arcangelo è semplicemente una striscia di case nella campagna. Non ha abitanti illustri. Non ha progetti per il futuro. Chi sta qui fa essenzialmente quello che si fa ovunque, passare il tempo, ma questa occupazione è senza aggiunte e additivi. Il paese una volta si chiamava Montemale e forse si vergognavano un po' di questo nome e hanno fatto bene a cambiarlo. Mi pare che siamo al di là del bene e del male. Quattrocento abitanti che lavorano la terra e guardano la televisione. Non lontano c'è anche una piccola zona industriale. Sono stati costruiti vari stabilimenti, uno solo è in funzione. Nel bar ormai è difficile fare le partite a quattro. La figlia della barista vuole fare la parrucchiera ma mi dice che in paese ce ne sono già due. Non è una notizia sconvolgente. Non c'è nulla di sconvolgente. Forse siamo una storia finita, siamo nei titoli di coda di un film in cui non abbiamo avuto alcun ruolo.

Ponte è uno di quei tipici paesi italiani con la parte vecchia in alto e quella nuova sviluppata intorno alla ferrovia o alla strada. C'è una statua dedicata a un sindaco defunto che avrebbe garantito il passaggio da borgo a ridente cittadina. Sarà pure ridente, ma a me fa tristezza. Ovviamente la parte più vecchia è in fase di recupero. Per adesso si recuperano le case, poi si vedrà. Sembra un'azione sollecitata più dalla necessità di reperire finanziamenti che dall'effettiva convinzione che il futuro stia proprio nell'affidarsi alla forza del passato.

Ero salito a Torrecuso con un po' di speranza. In genere in alto le schifezze urbanistiche sono più improbabili. Arrivo e trovo una certa animazione. Si sta preparando una serata dedicata al vino. Ormai le fanno dappertutto queste serate in cui si gira con un bicchiere in mano ad assaggiare il nettare degli dei. Peccato che di dei non ci sia più traccia da nessuna parte. Incrocio un gruppo di convegnisti che hanno da poco ultimato la loro chiacchierata sul turismo enogastronomico. Anche a Torrecuso il centro antico è in via di recupero. Sarà un'opera difficile perché sembra un'opera di chirurgia estetica più che un intervento terapeutico.

Passo dentro Foglianise osservando un altro paese che sta più avanti. Esemplare disattenzione.

A Vitulano mi fermo sotto un bel campanile. Sto nella parte più antica e dunque meno abitata. Il paese è sparso nel paesaggio come quasi tutti quelli del beneventano. Non ho voglia di guardare niente. Mi distendo su una panchina, trovo una mezz'ora di pace ad occhi chiusi. Stare fermo sotto il sole mi pare la cosa migliore che si possa fare, l'unica esperienza su cui non riesco a recriminare.

LA GIORNATA DEL PAESOLOGO CONSUMISTA

Prima fermata in una frazione di Montoro Inferiore. Si chiama Piazza di Pandola. Parcheggio per fotografare un bel portale e vedo una persona che conosco. Si chiama Gerardo Iacuzzi. Si definisce libero pensatore e poeta dilettante. L'ultima volta che l'ho visto mi aveva parlato della sua malattia. I medici lo chiamano disturbo bipolare. Oggi Gerardo mi dice che non sa bene di cosa soffre. Sono contento di averlo incontrato ma niente di più. Potrei fermarmi con lui, potrei fargli compagnia e invece vado avanti, come un cacciatore che spara alle bestie e non si cura di raccoglierle.

Riprendo la superstrada verso Salerno ed esco a Fisciano. Da qui ci vuole pochissimo per arrivare a Mercato Sanseverino. All'inizio può sembrare un paese, ma poi arriva la zona con le palazzine. Ci sono più di ventimila abitanti, siamo fuori dall'ambito paesologico, però non posso non fermarmi davanti a un bellissimo palazzo vanvitelliano. È la sede del Comune. Chiedo a un impiegato se posso fare delle foto nel cortile. Mi dice che non si potrebbe, ma se voglio posso farle. Scatto un paio di foto. Adesso l'impiegato ha aperto il cofano della sua Mercedes e parlotta con un altro impiegato. Davanti a questo magnifico palazzo c'è una piazza d'asfalto adibita a parcheggio e ci sono le case che si facevano negli anni Sessanta.

Anche Mercato Sanseverino ha molte frazioni. Passo per una frazione che si chiama Ciorani e ha un grande convento preceduto da immagini di santi e prelati in mezzo alla strada. Non mi fermo perché sta piovendo e perché non c'è nessuno in giro. La mia meta è più avanti e si chiama Bracigliano. Ci arrivo dopo poca strada e molte case. Gli abitanti delle pianure portano qui i materiali edili e fanno case che sommandosi danno l'idea di un penoso autismo architettonico. Arrivo nella parte più alta del paese e ammiro una chiesa tinteggiata con tre colori diversi. Questo è il regno dell'incongruo. Siamo in mezzo alle montagne, a pochi chilometri dall'incanto della costiera. In altre zone d'Europa un paese come Bracigliano sarebbe un paradiso per turisti. Qui è la mecca del fai da te urbanistico. C'è stato il terremoto e c'è stata anche la frana, c'è stata una miseria secolare. Da questo impasto, da questa betoniera di disastri non poteva che uscire un paese che ha l'aria di un cantiere dove si costruisce il non paese che verrà.

Non ho l'umore per parlare con gli indigeni, anche se la gente di questi posti ha un'aria che mi piace, qualcosa che sta a metà tra la ruderia scontrosa degli irpini e gli umori ciarlieri dei campani di pianura. Mi fermo a parlare con due giovani pakistani. Lavorano nelle campagne per trenta euro al giorno. Capisco che tra fitto e mangiare non resta molto, anche se questa gente sa concedersi assai meno dell'indispensabile. Sposto la conversazione sulla sfera degli affetti. Questi ragazzi non hanno donne, dicono che le donne italiane amano gli uomini che esibiscono il lusso e loro hanno da esibire solo facce che mostrano una pacata tristezza anche se sorridono. Quando mi chiedono di dove sono e rispondo che vengo dalla provincia di Avellino mi dicono che Avellino è bella. Forse lo fanno per compiacermi, forse veramente da qui Avellino sembra un luogo più ordinato. Li saluto con la mia faccia che non so bene cosa esprime, cerco di mettere nello sguardo tutto l'affetto di cui dispongo, ma lo sguardo esprime quello che vuole, non quello che vogliamo.

Torno a Mercato Sanseverino entrando da una parte della cittadina diversa da quella da cui ero uscito. Mi accoglie un delirante viluppo di villette che fanno da contorno a una zona commerciale dotata perfino di un parco con anatre vere: scale, vetrine, anatre, macchine parcheggiate, ragazzine col telefonino, tutto sembra stampato in un manifesto che pare voglia adescare gli abitanti del luogo alle bellezze degli spazi metropolitani. Perfino i caseifici dove si fanno le mozzarelle di bufala sono collocati in villette dallo stile spumoso e posticcio, quasi a nascondere il fango in cui sguazzano le bestie.

A questo punto della giornata torno verso Fisciano. Ho voglia di vedere che aria tira all'università. Sono le quattro del pomeriggio, giro in lungo e in largo prima di decidere dove fermarmi. Resto un po' in macchina, rannicchiato dentro la scatola metallica, sotto il cielo cupo, in attesa che il celeste apra le acque di questo pomeriggio amniotico.

Qui tutto è nuovo e sembrano nuovi anche gli studenti, ma è una novità impigliata nel clima irrimediabilmente crepuscolare di questo basso occidente che ha perso il fondo aspro, inebriante della sofferenza. I ragazzi hanno le facce un po' rassegnate che vediamo davanti ai bar e nelle pizzerie. Fra poco saranno ingegneri o farmacisti. Adesso prendono automobili e pullman per tornare a casa. Provo a parlare con qualcuno. Non sento grandi ardori e neppure grandi inquietudini. Forse ci vuole più tempo per scovare i loro sentimenti, ci vuole più fiducia. Mi limito a notare un po' stupidamente la bassa statura delle ragazze. Adesso posso andarmene anche da qui senza concedermi il tempo di capire se sono in un luogo in cui si studia il mondo o semplicemente in cui il mondo esibisce una merce che si chiama studente.

Sulla via del ritorno mi fermo anche a Grottaminarda per comprare un vassoio di dolci. Da quando il mio paese si è svuotato non torno mai a mani vuote.

PAESI NAUFRAGHI

L'umanità ha fatto naufragio e siamo tutti naufraghi: anche quando qualcuno ci raccoglie non finiamo mai di asciugarci. Sono inzuppati di pioggia anche i paesi che attraverso. Continua a piovere da due giorni. Ho un umore mesto.

Esco dall'autostrada al casello di Baiano. Subito cominciano le case. In effetti mi trovo all'estrema periferia di Napoli. A Baiano comincia una lunga sequela di paesi che si distinguono solo per il nome. Dopo Avella e Sperone entro nella provincia di Napoli, sono a Tufino. Il paese è noto perché ha ospitato per anni una megadiscarica. Adesso la discarica è chiusa, ma l'immondizia continua una sua vita che è assai più appariscente che altrove. Le buste stanno appese ai tronchi degli alberi, ai lampioni, ai cancelli delle case. Evidentemente qui non amano i cassonetti. Oggi c'è anche molto vento e molte buste si sono liberate dei loro ancoraggi e fluttuano in mezzo alla strada, meduse in un mare di case e macchine. La sosta a Tufino è solo per fare una foto a uno slargo informe che immagino sia la piazza principale, visto che in un angolo è alloggiata la casa del Comune. Mi rimetto in moto e basta scalare un paio di marce e già sono a Roccarainola. Qui ci avviciniamo verso la montagna, ma il paese si ferma sotto, in alto ci stanno solo i ristoranti per le cerimonie nuziali e per i turisti della domenica. Per chi sta da queste parti muoversi non è difficile, nessun paese è murato, non ci sono tornanti da scendere e da salire. Si vive col motore acceso, la meta può essere l'Ikea, un santuario o una mangiata, poco importa, l'importante è dare animazione al cartone, alla cartapesta della propria vita. Roccarainola mi dà la sensazione che di bello ci siano solo gli alberi, ma forse è anche colpa della pioggia e di questo cielo da film dell'orrore. Mangio in macchina il mio panino. Se qualcuno mi vedesse forse proverebbe un po' di pena. Sono avvilito. Sono qui e non conosco nessuno. Sono qui, senza sole, costretto a muovermi in questa gabbia metallica: da stamattina avrò fatto non più di cinquanta passi a piedi. Mentre mangio mi viene un'idea bizzarra. Perché oltre alle vie non si dà anche il nome agli alberi di un paese? Avremmo l'albero Antonio, l'albero Michele e così via. L'idea non mi esalta, ma è il primo conato vagamente creativo in una giornata in cui mi sento un sonnambulo.

Riprendo la marcia e mi accorgo che sono in una frazione di Camposano. Procedo sempre in macchina, con sguardo rassegnato. Nonostante i limoni, le palme e la ferrovia, mi pare che il paese non ci sia, non offre un suo ghigno, un suo umore.

Adesso sono a Cicciano. Cerco vanamente una piazza, un angolo che si possa imprimere nella memoria. Passo vicino allo stabilimento della pasta, l'unica che si vendeva al mio paese, la pasta «accattata», quella che negli anni Sessanta si mangiava nei giorni di festa.

Un breve rettilineo e compare il cartello che saluta chi si congeda da Cimitile: dunque sono passato nel territorio di un paese senza accorgermene. E dire che qui ci sono già stato. Ero venuto per vedere le bellissime basiliche paleocristiane.

Non faccio neppure in tempo a valutare l'idea di una rivisitazione di quei luoghi ed ecco il cartello che mi dice di essere a Nola. Parcheggio la macchina e mi metto finalmente a camminare. La piazza intitolata a Giordano Bruno ha un'atmosfera strana per questa zona: è vuota e silenziosa. Lo stesso si può dire per la piazza dove il Comune e la grande chiesa si guardano dai lati di un perfetto quadrato. Mi sento un pellegrino che ha avvistato un'oasi nel deserto.

VERSO IL CILENTO

Ci sono dei giorni in cui vado in un solo paese: paesologia monogama. E ci sono giorni in cui ne attraverso tanti. Oggi è un giorno di paesologia poligama. Mi sento come un medico che si appresta a fare il giro di un altro reparto di questo immenso ospedale che è l'Appennino italico. È un errore pensare che la malattia sia la stessa e anche quando è la stessa ogni paese ha un suo modo di soffrirla. Ma può anche capitare di trovare paesi che hanno malattie diverse e si raccontano come se avessero gli stessi sintomi.

In ogni caso la vita c'è ancora, ma si dà a dosi omeopatiche. Quella che consumiamo è una specie di argilla espansa, qualcosa che serve a riempire i vuoti spaventosi in cui abitiamo. Forse viaggiare è l'unica soluzione per ingannare il tarlo della residenza. Forse non abbiamo altro da fare che divagare, perderci un po' qui e un po' là, buttare continuamente in aria quel che siamo e quel che abbiamo. In fondo abbiamo bisogno d'altro e d'altrove, ma non sappiamo cosa sia e dove sia.

In attesa di capirlo oggi vado nel Cilento. Non ho una meta precisa. Lì di paesi ce ne sono tanti. Dopo un pezzo di verde Irpinia ingiallita da una rovente estate, prendo l'autostrada a Contursi, mettendo in conto eventuali disagi. Dopo

161

qualche chilometro ecco che arriva puntuale l'incolonnamento causato dai cantieri, ma io non ho fretta, non sono un turista in fila, sono un turista della fila, sto qui per vedere una delle tante forme di espiazione a cui va incontro chi possiede l'automobile, sicuramente l'invenzione umana che ha avuto più successo.

Lascio l'autostrada all'ingresso del Vallo di Diano. Faccio un giro per Atena Lucana. In uno slargo con un lampione al centro c'è una persona ferma come un bassorilievo. Chiedo dove sia la piazza. Mi risponde una donna là vicino. «La piazza sta dove sta la piazza», mi dice con fare sicuro. In effetti ci ero passato, ma non mi ero accorto che era la piazza. In questo paese mi colpiscono le vetrine dei negozi, tutte più o meno con la stessa forma e lo stesso materiale: alluminio anodizzato, una sciccheria degli anni Sessanta che si potevano permettere solo quelli che commerciavano.

Faccio qualche passo verso l'alto, in alto il tasso di bruttezza dei paesi, in genere, si attenua. E infatti qui trovo un bel museo con reperti archeologici del luogo. Non ci sono altri visitatori, anche la polvere sembra un reperto archeologico. Esco fuori. Mi affaccio sulla vallata. Sembra il panno di un biliardo. Riprendo la macchina, attraverso il piano e salgo sull'altro versante della montagna.

Appena lascio la pianura subito finisce il traffico: la concitazione lascia il posto alla desolazione.

C'è poco da fare, le montagne sono un po' tristi e mettono tristezza anche quando sono molto belle come queste degli Alburni. Attraverso senza fermarmi il paese di San Rufo. Come spesso accade da queste parti, non c'è una chiara distinzione tra il nucleo antico e le parti nuove. L'effetto è lievemente sgradevole, anche tenendo conto del fatto che un paesaggio simile meriterebbe paesi meno informi. La strada che attraverso mi sembra un quadro di Pollock: muri, infissi, colori, tutto un po' gettato alla rinfusa. Mi rifaccio dopo qualche minuto fermandomi a una fontana da cui sgorga acqua fredda e leggerissima. Il paesaggio intorno è molto bello e i paesi da lontano sembrano solo una vegetazione più chiara.

Vado a Roscigno Vecchia, paese in forma di ruderi. A me i luoghi che gli uomini hanno abbandonato suscitano un fascino particolare. C'è una sola persona. Pare che sia una sorta di volontario custode di queste rovine. Non condivide i progetti di restauro. Dice che servono solo a rubare soldi. Il cartello dei lavori in corso esibisce la parola «laboratorio». Effettivamente molto spesso dietro queste parole accattivanti si nascondono propositi affaristici. Comunque non ho voglia di informarmi su quello che è previsto. Preferirei parlare d'altro col custode con barba e cappello da messicano. Uno come lui sarebbe stato benissimo in un film di Sergio Leone. A me interessa la sua faccia più che le lamentazioni sui politici regionali o locali. Non so perché, ma a volte certi discorsi mi suscitano più noia che indignazione.

Dopo Roscigno arrivo in un paese che si chiama Sacco. E qui, nonostante la luce meridiana, mi sento veramente come una gatta nel sacco. Nella piazzetta c'è un palco, di quelli rotondi con baldacchino a cupola, che prende tutto lo spazio. Vado al bar a prendere un gelato e a sentire una voce umana. Il barista ha l'aria depressa. Solita lamentazione sul fatto che d'inverno non c'è nessuno. Ormai certe conversazioni mi sembrano fatte con la carta copiativa. Faccio le solite domande e ottengo le solite risposte.

Mi rimetto in macchina, ma non mi dirigo verso la vicina Valle dell'Angelo. È il nome di un paese fatto di frazioni e una di queste pare sia sprovvista degli usuali comfort della modernità. È un pugno di case appese alla montagna. Non ci vado perché ho paura che venga smentito il racconto che mi hanno fatto di un luogo senza televisioni e telefoni. Decido di prendere la strada verso il mare.

Scendo verso Paestum e resisto alla tentazione di andare a vedere i templi. Non è giornata dedicata alle bellezze firmate. E poi sarebbe un po' come andare alla ricerca dell'arca perduta: prima devi farti strada nella giungla delle insegne di chi vende mobili o mozzarelle. La tempesta non si placa né a Eboli, né a Battipaglia e neppure ad Avellino dove vado per presentare un libro. Ma appena entrato in città mi imbatto in una processione di quartiere. Mi accodo con molta impazienza, ma in questo caso sono un turista in fila e non un turista della fila.

PASSAGGIO NELL'AGRO NOLANO

Se in un posto non è mai arrivato un pullman di turisti questo per me è un buon motivo per andare a visitarlo. Non perché ci siano bellezze non ancora scoperte, ma perché l'assenza di bellezza porta la mente a frugare tra dettagli che nei luoghi delle grandi attrazioni di solito vengono trascurati.

In uscita al casello di Nola leggo il nome di alcuni paesi in cui non sono mai stato. Anche questo è un ottimo motivo per andarci. L'ignoto adesso è a pochi chilometri e si chiama San Vitaliano. Sono su una strada piena di spot pubblicitari per autisti. La carreggiata non è larga ed è piena di macchine. Già questo mi pare un buon motivo per abolire questi cartelloni. Mi chiedo se ci sia in giro un uomo politico capace di avanzare nelle sedi proprie una proposta del genere.

Finita l'irritazione per i cartelloni attacco con quella per le insegne. Ecco un «autoshopping». Lo shopping e l'automobile, due pilastri su cui si regge la nostra odierna civiltà. Per la verità sono pilastri su cui mi reggo anch'io. Sto viaggiando in una comoda automobile con aria condizionata. Scruto questi luoghi senza farmi ustionare dalla calura. La paesologia senza automobile sarebbe quasi impraticabile.

Tra tante insegne non trovo quella che indica il centro del paese. Chiedo a un operaio. Mi indica con gentilezza che devo svoltare in quella stradina in fondo a sinistra. Ecco, il centro qui si trova lasciando la strada principale. Questo paese, come tanti altri in questa zona, sembra avere le sue parti più vive ai bordi. Chi deve mettere un negozio lo mette in periferia, così è facilmente raggiungibile anche dai paesi vicini. Accade qualcosa di simile anche al mio paese diviso in due e con la farmacia che è in aperta campagna, in mezzo ai due paesi.

Trovata la piazza mi accorgo che è l'ora di pranzo e ci sono alcune panchine all'ombra. C'è anche un certo silenzio, inusuale per questi luoghi. Mangio il mio panino in compagnia di un cane che immagino interessato non a me ma al pane e al companatico. Gli dedico molti sguardi. Sicuramente non sarebbe accaduta la stessa cosa se fossi in Piazza dei Miracoli a Pisa. Mi alzo per vedere un poco la piazza. Si vede che è stata sistemata di recente e sono recenti pure le scritte. Noto la mutazione della sala consiliare in «salame consiliare». Sulla soglia della sala ci sono molte lattine vuote. Non è il momento dei grandi cumuli d'immondizia. Il disastro dei rifiuti è nella sua fase normale e come tale non ci fa caso nessuno. Il Comune è ancora aperto. Chiedo a una persona quanti abitanti ha il paese. Mi dice di rivolgermi all'ufficio anagrafe lì accanto. Entro nell'ufficio. Mi accoglie una persona dall'aria decisamente affaticata. Chiedo sommessamente quanti abitanti ha il paese. Mi fa cenno di attendere. Si alza e va a prendere il registro. Lo sfoglia con attenzione e alla fine sentenzia: seimila e diciassette. Vorrei sapere quanti abitanti ci sono stati in passato. Lui continua a sfogliare il registro e mi dà un altro numero. Ho davanti a me una persona dall'indole non certo tipicamente partenopea. Saluto senza ulteriori domande. Prendo un foglietto in cui c'è il programma degli appuntamenti estivi. Si va da maggio a ottobre. Mi colpisce il fatto che per il mese di agosto è prevista solo un'andata a Montevergine, nient'altro. Dunque questo è un paese che ad agosto non si traveste da villaggio turistico. Mi pare già una buona cosa.

Vado via e mi metto sulle tracce di Scisciano. Qui nessun paese lo avvisti da lontano. Ti accorgi che sei arrivato quando sei già dentro.

Riprendo l'osservazione delle insegne. Un lavaggio per macchine si fregia di una cubitale traduzione in inglese: «car wash». Sono su una strada che illustra in maniera magnifica i particolari usi e costumi di queste popolazioni. Tutti i negozi espongono la merce all'aperto. Un negozio di ferramenta espone anche un cartello «film per adulti». Vende pure una nutrita schiera di telefoni allineati come i soldati cinesi di terracotta. Più avanti si vendono mobili per uffici e i soldati cinesi diventano sedie foderate di polvere. Dall'altra parte divani affiancati uno all'altro sembrano le balle di fieno che si mettevano nei circuiti della formula uno. Guardo tutto con vorace attenzione. Negozi di grandi firme e baracche coi meloni in pacata adiacenza. Qui si realizza l'unico comunismo che possiamo conoscere, il comunismo delle merci.

Intanto sono arrivato a Scisciano e ho perfino trovato uno slargo che fa da piazza. La facciata del Comune ha un portico adibito a deposito di materiali vari. Se esiste una pedagogia del disordine questa sicuramente è una delle cattedre. Non mi interessa sapere se il sindaco è di destra o di sinistra. L'immagine che ho davanti agli occhi non ha nulla di clamoroso, è il frutto della tipica incuria per le cose pubbliche.

Adesso per completare il mio giro voglio vedere Saviano. Immagino che anche lì non ci sarà una bella piazza e una bella chiesa. Quando altrove nascevano i gioielli medioevali che

167

sappiamo, qui c'erano solo campi che i contadini lavoravano per i signori. Non ci sono rilievi e non ci sono castelli e rocche per avvistare nemici. Ci sono, però, tanti cancelli e ringhiere. Praticamente ogni casa ha il suo recinto, come se ogni casa fosse un castello, come se il mondo fosse fatto solo di nemici da cui difendersi. I barbari non arrivano da lontano ma sono i vicini di casa. A Saviano mi fermo a parlare con un signore a cui avevo chiesto notizie per arrivare in centro. Dopo un paio di minuti m'invita ad entrare in casa. Una cosa del genere nel Nord evoluto sarebbe inconcepibile. Mi dice che ho potuto trovarlo davanti alla porta in piena controra perché vuole cogliere in fallo una vicina che ha l'abitudine di andare a depositare il sacchetto d'immondizia su un cancello lì davanti. Il discorso scivola sulle solite lamentele. Per avere il semaforo che sta davanti a noi ci sono voluti trent'anni di proteste, però adesso non funziona. Anche questa non è una notizia che fa notizia. Vado a vedere la piazza che non è una piazza e con questo finisce la mia voglia di vedere Saviano.

Uscendo dal paese su una strada che fila dritta verso il Vesuvio noto che lungo i bordi c'è una sorta di guardrail formato dalle buste dell'immondizia. Questa mi pare un'immagine degna di una foto. Faccio appena in tempo a scattare, perché più avanti c'è una pala meccanica che sta provvedendo alla rimozione delle buste.

A questo punto altre insegne indicano posti che non ho mai visto: Somma Vesuviana, Palma Campania. Sono ancora le cinque del pomeriggio, ma sento di avere già visto abbastanza. Sono come un pescatore che ha il secchio pieno. Scelgo di seguire l'insegna che indica la via per l'Irpinia. Appena entro nell'autostrada ho come una sensazione di pace e di ordine. Il verde curato, le strisce ben dipinte, le corsie ben distinte, un paesaggio più riposante di quello appena lasciato.

E una diversità ancora maggiore la sento quando decido di puntare verso un paese irpino particolarmente nitido come Frigento. Qui siamo a novecento metri e l'ubriacatura del disordine lascia il posto a una sobria bellezza.

Non deve essere facile amministrare una regione in cui ci sono posti tanto diversi come Saviano e Frigento. E sono assai diverse anche le popolazioni che li abitano. In fondo i punti di contatto sono dati proprio dalla classe politica dominante che è la stessa in tutto il territorio. L'Irpinia vista dopo la pianura campana sembra un luogo poco abitato, pieno di spazi verdi, piena di silenzio e luce. Ma anche questa è un'impressione sbagliata. Basta sconfinare in Lucania. Lì c'è veramente poca gente e ci sono poche case tra un paese e l'altro. Ci sono diverse maniere di ipotizzare la soluzione dei problemi della Campania. Difficilmente si può immaginare che ci sia bisogno di un aumento di popolazione. La verità è che siamo troppi e che non siamo ai tempi in cui la carrozza coi cavalli la teneva solo il re. Le nostre campagne non sono come quelle cinesi. Ormai una bella macchina non si nega a nessuno e chi si è fatto la villa in periferia ti dà il voto se gli dai la luce e la strada. Sommando queste migliaia di negoziati, appena fuori o appena dentro l'illecito, che si svolgono tra amministratori e amministrati, si arriva alla mutazione dalla Campania *felix* all'attuale museo del caos.

ISTANTANEE

Savignano è stato distrutto dalla Napoli-Bari. Prima della costruzione dell'autostrada passavano tutti sotto il paese. Ci passava anche Aldo Moro e si fermava a comprare il pane. Adesso la statale delle Puglie che corre accanto alla ferrovia è una strada nel vuoto, roba da deserto dei Tartari. Basti pensare che una frana l'ha bloccata per più di un anno e nessuno ci ha fatto caso. Adesso quella frana non è ancora domata ed è un potenziale pericolo anche per la ferrovia che le scorre accanto. E così Trenitalia ha messo un impiegato in un casotto che ha l'unica mansione di spiare l'annuncio di un possibile smottamento.

Ceppaloni è dietro Benevento. Lo trovo nel paesaggio smorto di gennaio, seduto su una collina sgraziata. Grande castello rotto in alto e poi le case che sembrano infelici di stare attaccate tra di loro. Le case sotto il castello sono in gran parte vuote, almeno d'inverno. Le altre sono un po' fuggite nei dintorni, seguendo la solita spinta centrifuga che ha sparpagliato i paesi nelle campagne. Qui non c'è una piazza. Di fronte al Comune non ci sono case, ma un precipizio di arbusti. Ogni cosa appare scollata, distante.

Volturara sta nella bellissima Piana del Dragone e ha sopra gli occhi le meraviglie del monte Terminio ma non si vedono turisti. Nessuna attività industriale legata al prodotto principale del luogo, la castagna. Nessuna significativa attività di trasformazione del latte. Anzi, qui molti si lamentano che le vacche siano un problema coi loro pascoli abusivi che distruggono le coltivazioni.

Non è facile immaginare di passare un'intera giornata a Mugnano. Anche perché camminando a piedi mi è capitato di arrivare in un altro centro abitato senza neppure accorgermene. Qui davvero siamo in un clima sociale ben diverso dai paesi dell'Irpinia d'Oriente. Lì i paesi sono lontanissimi tra di loro. E c'è un senso di vuoto e di desolazione. Qui siamo alla periferia del caos partenopeo, una zona dove è più palese che altrove il delirio degli uomini che hanno circondato l'ambiente più che esserne circondati.

Calabritto si annuncia da lontano e ti porge al primo sguardo questo contrasto tra le linee del paesaggio naturale e quelle fabbricate dall'uomo. Un contrasto tipicamente meridionale, un modo di volgere le spalle al paesaggio, di alterarne la sua antica bellezza.

Il bello di Guardia dei Lombardi, come in quasi tutti i paesi, anche qui è nella parte vuota, nei vicoli abbandonati. Curiosa situazione, un po' come le posate: le migliori, quelle d'argento, stanno segregate da qualche parte e si mangia con quelle di poco prezzo.

Smerillo, nelle Marche, è un luogo pulito, un luogo senza aggiunte e mescolamenti. Come un albero. Come un fiore. Credo che a chi legge e scrive faccia bene visitarlo. La stramba pestilenza che affligge le pianure urbane lassù non è arrivata. Non c'è da intrecciare affari. Non si compra e non si vende niente. In fondo ci sono solo due attività possibili: parlare e guardare. Un paese per gli occhi e per la lingua. Tanto basta per avviarlo a una piccola beatificazione. Tanto basta per farci pellegrini e andarlo a trovare.

La caccia allo sconforto oggi è a Cassano. Il paese mi sembra più vuoto del solito. Il mio umore continua a calare. Vedo una donna anziana, tre maschi davanti al bar che sembrano parlare senza dare alcuna importanza alle cose che dicono. Quasi tutte le case sono chiuse. C'è come uno strazio sfinito, una ferita da cui non esce più niente. Pensate a quante donne sole ci sono in questi paesi. Donne di ottant'anni che hanno fatto fatiche terribili e adesso hanno questo dolore di vivere in strade vuote. Forse qualcosa si può fare per porre rimedio a questa situazione che ho già raccontato tante volte, ma bisogna sempre ricordare che le cose a un certo punto finiscono e non è che si può scioperare contro la ragnatela del nulla che ogni giorno accresce i suoi fili.

Parolise comincia sotto un viadotto e per finirlo bastano due colpi di tosse. Adesso sono a San Potito. Parcheggio davanti al Comune, qui c'è un sindaco che conosco. Faccio qualche passo e rinuncio all'idea di andarlo a cercare. Sento che non riuscirei a dire niente a nessuno. Mi pare di essere un aereo che ha finito il carburante. Non ce la faccio ad arrivare a un altro paese e consumare il panino. Comincio a mangiare, un morso dopo ogni curva. In pochi minuti sono a Sorbo Serpico. Ritrovo sensazioni che già ho conosciuto nel vedere questo paese tutto pavimentato come se fosse un luogo turistico. Un cambio di marcia e sono a Salza. Faccio una foto, bevo quasi tutta la birra che avevo comprato insieme al panino. Sono sempre chiuso in macchina. Arrivo ad Avellino e comincia a piovere. Sono le due del pomeriggio. Tutto è chiuso. Forse è in questa città che il mondo annuncia la sua fine.

Passo per Aiello. Faccio una foto a giocatori di carte che hanno sopra il tavolo un Cristo, una Madonna e un altro paio di santi. In piazza, proprio di fronte al bar, ci sono le pompe funebri. A venti metri ancora un'altra agenzia che si occupa dei morti. Mi pare strano in un paese così piccolo. Evidentemente hanno clienti anche altrove.

A Sturno c'è una piscina e tanti campi sportivi, ci sono case che sembrano villette americane. Non ci sono buste per strada, insomma potrebbe sembrare un'isola felice. E invece anche qui di felice non c'è proprio niente. A dispetto dell'impegno del sindaco attuale e dei suoi predecessori, il paese adesso è alle prese con uno sconcertante numero di tossicodipendenti. Ennesima riprova del fatto che dove non ci sono le miserie della povertà ci sono quelle della ricchezza.

Sotto il campanile del borgo antico di Taurasi c'è un cinquantenne che da alcuni minuti sta facendo pulizie. Gli chiedo quanti abitanti siano. Cinquantatré mi risponde. Lui si chiama Michele e abita qui con sua madre. Comincia a raccontarmi la sua storia. Anche lui appartiene alla grande famiglia dei consumatori di Xanax. Sta aspettando che gli riconoscano la pensione come invalido civile. Quando qualcuno mi parla della sua ansia sento subito un senso di fratellanza. Michele mi parla anche d'altro. Dei dottori che hanno sempre amministrato questo paese e lo hanno sempre amministrato facendo favori a se stessi e ai loro compari. Michele mi dice di essere di sinistra come se mi confidasse una cosa strana. Mi parla anche delle donne che ha conosciuto con la chat sul telefonino. Lui è un bell'uomo, anche se non fa nien-

173

te per apparire tale. A un certo punto entriamo nella casa di un altro scapolo che pure lui vive con la madre vedova. Sono contento di stare con loro. Mi piace dare attenzione a persone di questo tipo. Siamo diversi come due gocce d'acqua, direbbe una poetessa polacca.

Visita a Torre Le Nocelle a un amico. Conversiamo un po' nel giardino e poi mi porta a conoscere il suo medico. Un cinquantenne molto sveglio, assai interessante in prospettiva delle mie smanie ipocondriache. Gli faccio cenno dei miei problemi di cervicale e lui dice che non sarebbe male se mi facessi un collare. Sì, ci devo pensare. In fondo devo ancora imparare a tenere la testa sul collo. Il medico sembra molto contento di parlare con me e col suo amico. Fuori ci sono i pazienti che aspettano, la vita ordinaria che batte alle porte. Parla di viaggi esotici, parla di un'energia che io sento di aver perduto. Direi che scrivo proprio per cercare di ricaricarmi da un senso di sfiatamento che il normale scorrere delle ore mi provoca. Scrivere in fondo è il mio collare, è l'unico modo che conosco per stare nel mio corpo e dunque anche nel mondo.

A Montecalvo solita litania: siamo rimasti in pochi, i giovani vanno via, non c'è lavoro. Pare di ascoltare un disco preregistrato. Rispetto al mio ultimo passaggio da queste parti trovo che hanno ultimato il restauro di alcune case della parte vecchia. Il viale d'ingresso è addobbato con graziosi lampioncini in rame. Il cinema è in vendita. Ci sono molti forni. Qui la speranza è il pane. Tutto il resto è delusione.

Vado a Casalbore solo per vedere la bella piazzetta ovale con la torre normanna. La torre è in restauro, come pure molte case della zona più antica. Mi fermo a parlare con una donna che porta polli dentro una carriola. Sul petto il medaglione con la foto dei genitori. C'è una parte di questo paese che mi piace. Funziona un po' come le persone. A volte è solo questione di simpatia ed è inutile sforzarti di spiegare perché in un posto ti senti bene e in un altro no.

Forse io sono un paesologo dei miei paesi e di Castro dei Volsci non so che dire. Mi manca la radice infiammata della residenza, mi manca il nervo che lega gli occhi al cuore.

Zibaldone

Oscilla assiderata la stella di natale.
Da un bar all'altro inutili traslochi:
è l'ora delle macchine parcheggiate
dei giovani smaniosi
nel fumo della sala giochi.
Ogni volto è un luogo di confine,
ognuno fa i suoi cenni
completamente incustodito.
Faccio quaranta passi
e torno a casa.
Conosco quest'aria e i suoi rancori,
torna ogni anno sempre uguale
come le palle dell'albero e i pastori.

Nei paesi vedi il corso delle cose, l'inizio, lo svolgimento e la fine.

Quasi ogni mattina vado a trovare qualche paese come si va a trovare un vecchio zio, vado a vedere che faccia ha, a che punto è la sua malattia o la sua salute. Vado per vedere un paese, ma alla fine è il paese che mi vede, mi dice qualcosa di me che non sa dirmi nessuno.

Ci sono paesi accresciuti, deformati dalla spinta a diventare come le città, e ci sono i paesi sperduti, affranti, quelli che non bastano mille curve per toccarli e quando arrivi senti che resterai per poco.

Una volta nei piccoli luoghi si guardava il mondo come a una faccenda che avveniva altrove. Il paese era un altro mondo.

Non sai cosa sia e cosa contenga. Vedi case, senti parole, silenzi, in ogni modo resti fuori, perché il paese si è arrotolato in un suo sfinimento come tutte le cose che stanno al mondo, ciascuna aliena allo sfinimento altrui.

Io appartengo solo al mio paese. Sono un dente dentro la bocca del cavallo, un mattone dentro un muro. Sono il vento che mi agita la testa, che rompe i minuti in cui cammino.

Certe volte penso, per darmi coraggio, che dai posti considerati minori può partire qualche scintilla. Dalla loro flebile vita può aprirsi lo spazio per una nuova compassione e una nuova alleanza con la natura.

Qui nulla avviene immediatamente e ciò che non avviene immediatamente è male, secondo il filosofo Kierkegaard.

Certi a furia di stare sempre nel proprio paese si scordano di stare nel mondo, nell'universo.

Ieri ho chiesto l'ora a uno che stava passeggiando con me. Il compagno di passeggio ha visto l'orologio e ha continuato il discorso che stava facendo senza dire l'ora.

Abbiate cura di andare in giro.
Non rimanete fermi
come uno straccio sotto il ferro da stiro.

La paesologia è una forma d'attenzione. È uno sguardo lento, dilatato, verso queste creature che per secoli sono rimaste identiche a se stesse e ora sono in fuga dalla loro forma.

Un paese è bello quando ti dà un altro respiro, ti fa capire come ciò che conta è sempre fuori di noi, che la nostra anima è sempre un luogo un po' fosco e in fondo anche un po' banale. La meraviglia del mondo è negli alberi, nelle nuvole, nella terra su cui poggiamo i piedi.

Prima dovevi imparare qualcosa per forza. Mungere una vacca, aggiustare un ombrello, portare le pecore all'erba giusta, fare i vestiti, le case, le scarpe, le sedie. Non era tempo di uffici e di chiacchiere.

Il paesologo guarda e cammina. Non studia un paese, lo annusa, lo ascolta, ma non si fida di quello che si dice.

Uno arriva in una piazza, guarda delle facce e si fa un'idea del luogo in cui si trova. Pensa ai motivi per cui quel luogo gli piace o non gli piace.

Il carattere di un paese dipende molto dalla terra in cui è piantato. Stare sull'argilla non è la stessa cosa che stare sulla roccia. La prima cosa che bisogna insegnare alle persone è un poco di geologia.

Una delle scene scomparse nella vita dei paesi è quella delle persone che spingevano le macchine: le famose partenze a strappo. Oggi al posto delle 127 ci sono le Audi 4 e non c'è più bisogno di spingere.

Nei paesi ci sono quelli che d'estate tornano e si aspettano ancora che la gente si metta intorno a loro, invece si limitano a chiedere quando sei arrivato e quando te ne vai.

Il paesologo è un voyeur dei paesi. A qualunque ora li attraversa li scopre nella loro intimità.

Le città che stanno in montagna hanno sempre l'aria di un paese. I paesi che stanno in pianura hanno sempre un'aria cittadina.

Il paese rimpicciolisce anche il narcisismo. Se uno si crede un genio non ci crede mai fino in fondo.

Nel posto in cui vivo c'è una libera università degli accidiosi. Io sono docente di una disciplina che si chiama «teoria e tecnica della passeggiata». Ho appreso l'arte in tempi passati.

La sera che ci fu il terremoto io stavo bene. Mi piaceva tutta quella gente per strada, tutti che si guardavano come se ognuno fosse una cosa preziosa. Quando molti si sono messi a dormire nelle macchine mi sono fatto un giro, li ho benedetti uno per uno.

Tutti se la prendono comoda. Tutto si ripete, l'indugio e il rinvio. Forse per questo ai funerali c'è un'aria viva. Forse perché finalmente è successo qualcosa.

Un paese non è un luogo adatto a far transitare il tempo in maniera divertente. Qui si crea quasi naturalmente un gorgo, un peso intenso di smania o inerzia. E allora il tuo peso s'incontra con quello degli altri e ti preme addosso.

C'è una differenza tra quelli che stanno nel bar rimanendo in piedi davanti alla porta e quelli che si siedono in fondo a fumare o a guardare quelli che giocano a carte, ma non saprei dire qual è.

Il paesologo non è un paesanologo.

In principio erano tribù di guerrieri. Un pedante rancore al posto delle anime feroci. Ora non ci sono lance, non ci sono più pastori e lupi. È tutto un pentolame casalingo: uomini seduti, ombrelli, imbuti.

Quelli di città quando arrivano chiedono sempre: ma qui di cosa si vive?

Se uno abita qui e se ci sta con gli occhi aperti, è costretto a sentirsi invaso da un dolore, oppure invade il luogo col suo dolore.

Ormai sono quattro giorni di fila che vado in giro. Mi sveglio presto ora che i giorni si allungano. Ho fretta di andare verso la luce, verso le cose. Una macchina parcheggiata, un lampione, un cane, una porta chiusa, tutta la giostra del mondo esterno mi pare infinitamente più allettante di questo baraccone di fantasmi che porto in testa.

C'è chi sta fermo e chi va lontano. Io seguo un'altra strada, viaggio nei dintorni.

La paesologia ha due fili: uno di *pietas* e l'altro di necrofilia.

Vado nei paesi quando le porte sono chiuse, parlo dell'inverno, parlo della stagione vera, non di quella in cui prendono la forma di villaggi turistici a uso di emigranti di ritorno e di qualche loro conoscente. Vado nei giorni in cui non va nessuno. Parlo di quei mattini di dicembre in cui la tela è ammuffita e non c'è la chiara pittura della bella giornata e della buona salute.

Il paese, prima che di case e di strade, era fatto dei racconti di cui era fasciato. Immaginate un vasto telaio a cui ognuno forniva il suo filo per tessere un vestito di voci che servivano a farsi compagnia, a rendere più lieve la fatica di stare al mondo.

Prima c'erano quelli che stavano in Svizzera per mettere i soldi alla posta. Adesso incontro sempre qualcuno che è andato a fare il piastrellista a Reggio Emilia perché non poteva più mantenere la sua BMW di seconda mano.

Quando si parla della grande migrazione degli italiani all'estero, di solito si omette di ricordare che non si partiva dalle città, ma dai paesi. Sicuramente chi è partito ha migliorato le sue condizioni, ma il prezzo è stato altissimo. E in questo prezzo bisogna includere anche il dolore di chi è rimasto. Quando uno della famiglia partiva, per un po' di giorni non si cucinava, proprio come accadeva dopo un lutto.

Più ti allontani dal mare e più trovi gente naufragata: il mio paese è una nave in un mare di vento.

La paesologia è la scienza che studia i paesi, ma è una scienza strana a cui si dedica un solo scienziato. Una scienza che è il frutto di un banale ripiego: non potendo più vivere nel suo paese ed essendo incapace di lasciarlo, si è deciso a studiarlo.

Noi usiamo una sola parola, paese, per definire cose assai diverse tra loro. È come dare lo stesso nome a una pietra, a un imbuto, a un martello.

Una volta quelli che volevano cambiare il mondo arrivavano per parlare ai braccianti. Adesso dovrebbero parlare ai malati, alle vedove, agli anziani.

Quando entri in un negozio c'è sempre qualcuna che parla dell'artrosi cervicale.

Il paesologo non ama il narrare disteso, ma la smania aforistica, la frase singola, spaiata.

Tre luoghi aperti nelle mattinate dei paesi: il bar, il Comune, il cimitero.

I ragazzi non vanno ai funerali dei nonni. Può perfino capitare che il nipote sia al bar a consumare i soldi che il nonno gli ha dato due ore prima di morire.

La paesologia è poco adatta ai luoghi pianeggianti.

Per capire come la comunità sia rotta basta andare in un cimitero. Non troverete due lapidi uguali. Eppure in molti casi c'è un solo marmista.

Che lingua si parla nei paesi? Prima c'era il dialetto per la vita comune e un italiano imbarazzato per le occasioni particolari. Adesso c'è una lingua senza carattere, una lingua che non canta, che non resta per aria.

Un paese è sempre sottilmente snervante per chi lo abita.

Quello che sembra avere forza è solo ciò che ci sfugge, gli appuntamenti che manchiamo, i baci che non riceviamo, il paese in cui non viviamo.

L'errore è rivolgersi alla propria terra con l'aria di chi vuole emendarla, stimolarla a corrisponderci in qualche modo. Esattamente come se fosse una donna. Si chiede a una terra un'intimità perduta, ma l'intimità non si esige, al massimo si subisce.

La paesologia non si occupa di chi parte ma di chi resta. È la disciplina che segue chi non avanza a vele spiegate, ma chi inciampa, chi sente la vita che si guasta giorno per giorno, paese per paese.

Ringraziamenti

Un libro sui paesi si scrive grazie ai paesi e a chi li abita. E questo è il primo ringraziamento. Il secondo è per Angelo Verderosa che ha disegnato le cartine e che lavora assiduamente al blog paesologico della Comunità Provvisoria (http://comunitaprovvisoria.wordpress.com). Poi ci sono le persone che hanno pubblicato questi pezzi su giornali, riviste o in rete: Francesco Durante e la redazione culturale del «Corriere del Mezzogiorno», Luciano Trapanese di «Ottopagine», Luigi Grazioli di «Nuova Prosa» e Enrico De Vivo di «Zibaldoni».

Nella fase di limatura del testo mi sono stati molto utili i piccoli e i grandi consigli di Lorenzo Pavolini, Antonietta Fratianni, Rosetta Fratianni, Livio Borriello, Adelelmo Ruggieri, Serena Gaudino, Mimmo Scarpa, Antonio Celano, Antonella Bucovaz, Nadia Augustoni, Eliseo Castelluccio, Monia Casagrande, Anna Airò e l'incoraggiamento di Andrea Di Consoli, Umberto Fiori, Claudio Damiani, Emanuele Giordano.

Un ringraziamento particolare a Gianni Celati che è stato il primo a credere nella mia prosa.

arminio17@gmail.com